JN021455

# 同行援護ハンドブック

## 視覚障害者の外出を安全に支援するために

[第4版]

松井奈美 介護福祉士・介護支援専門員 編著

日本医療企画

# はじめに

　わが国の介護サービスは、2000（平成12）年の介護保険制度の導入により「措置」から「契約」へと転換されました。これにともない、サービス利用も利用者が主体的に選択できるしくみとなり「自己選択」「自己決定」が推進されてきました。現在では、この自己選択・自己決定が利用者の当然の権利として認識されるようになったといっても過言ではありません。ノーマライゼーション理念の実現を目指したこの制度改革は、サービス利用者や社会福祉関係者のみならず、日本国民の社会福祉に関する意識を大きく転換させた原動力になったといえるでしょう。

　障害者福祉においても、2003（平成15）年の「支援費制度」の導入、2005（平成17）年の「障害者自立支援法」の成立、2013（平成25）年の「障害者総合支援法」の施行などにより、障害者が自分らしく自立し、主体的な日常生活が営める環境が徐々に整備されてきました。また、2011（平成23）年の障害者自立支援法の改正時には、重度の視覚障害者を対象とした「同行援護サービス」が創設されました。この同行援護サービスは、視覚障害者の外出および移動にともなう障壁（バリア）をなくし、視覚障害者の生活の質の向上を目指したものです。つまりノーマライゼーションをさらに推進させることを意図した制度であり、インクルーシブ社会を目指す取り組みといってよいでしょう。

　このように高齢者福祉分野・障害者福祉分野ともに、支援を必要とする人々の日常生活の質の保障を目指し、利用者が主体的にサービスを利用できるしくみが取り入れられてきました。

　本書は、視覚障害者のノーマライゼーション及びインクルーシブ支援の実現を目指したテキストです。視覚障害者の外出をサポートする専門職に加え、家族介護者やボランティアなど、同行援護・移動支援にかかわる多くの方々に活用していただくことを目的に作成しました。

　視覚障害者の同行援護にかかわる皆様方には、本テキストを参考にサービス利用者である視覚障害者の心身状態を理解することや、臨機応変に対応する実践力を養っていただきたいと願っています。本書が障害者福祉にかかわるすべての人々のスキルアップと利用者の生活の質の向上に役立てば幸いです。また、同行援護従業者の皆様におかれましては、介護技術の向上だけでなく、人間性や倫理観の育成にも役立ててください。誰もが自分らしく幸せに暮らせる地域づくりの推進に本書が活用されることを心より願っています。

なお、昨今、ノーマライゼーション理念の浸透を意識して「障害」という漢字表記を「障がい」と表記する動きが活発になっています。しかしながら、法令・制度上の表記は「障害」であるため、本書では法令用語の「障害」に統一させていただきました。

2023年7月

松井奈美

# CONTENTS

## 第6章 情報支援と情報提供

## 第7章 代筆・代読の基本知識

## 第8章　同行援護の基礎知識

<br>

## 第9章　歩行介助の基本技能

## 第10章 歩行介助の応用技能

# CONTENTS

# 第1章

# 障害者をとりまく社会環境

## Ⅰ 障害者福祉施策の歩みと現状

### §1 身体障害者福祉法から障害者自立支援法まで

わが国の障害者福祉は、1946（昭和21）年に制定された日本国憲法において、基本的人権、生存権、教育を受ける権利、勤労の権利などが規定され、これに基づいて社会福祉関係の法律が制定されたことにはじまります。

1947（昭和22）年の「児童福祉法」の制定、1949（昭和24）年の「身体障害者福祉法」の制定によって、児童から成人までの身体障害者に対する福祉施策の法的な骨格ができ上がると、1950（昭和25）年には「精神衛生法」の制定、1960（昭和35）年の「精神薄弱者福祉法（現在の知的障害者福祉法）」の制定によって、身体障害者と同様に、児童から成人までの知的障害に対する福祉施策が整備されてきました。

障害者福祉の施策は、その多くがこうした障害者福祉に関する法律によって定められていますが、法律の制定から現在に至るまでの具体的な福祉施策の歩みは、社会情勢の変化や福祉サービスに対する利用者のニーズなどに合わせて、数次の改正が行われ、充実されてきています。

近年の主な動きとしては1981（昭和56）年の「国際障害者年」、1983（昭和58）年から10年間の「国連・障害者の10年」、1993（平成5）年から10年間の「アジア・太平洋障害者の10年」といった国際的な動向をふまえて、同年に障害者の自立と社会参加を一層推進するため、わが国の障害者施策の基本的な方

1

向を示す「障害者基本法」が成立しました。そして、1995（平成7）年には政府の障害者対策推進本部において、1996（平成8）年から2002（平成14）年までの「障害者プラン〜ノーマライゼーション7ヵ年戦略〜」が決定され、障害者が地域社会のなかでともに暮らしていくことをめざし、リハビリテーションとノーマライゼーションの理念を掲げていく方向性が確立されました。

さらに2003（平成15）年度からは2012（平成24）年までに講ずべき基本的方向として「障害者基本計画」が定められ、その前期5年間における重点的施策および目標として「新障害者プラン」が実施されました。

新障害者プランの基本的な考え方は、障害者の活動や社会参加の推進、福祉サービス・バリアフリーの整備、自立へ向けた地域基盤の整備などへの積極的な取り組みです。とくに2003年から施行された支援費制度（利用者が事業者と対等な関係で直接契約を結びサービスを利用する制度）では円滑な実施を確保する観点から、各都道府県・市町村における地域間のサービス水準に不合理な格差の是正および計画的な整備の推進の重要性が示されました。

また、2004（平成16）年には、障害者の自立と社会参加の一層の促進を図るために障害者基本法が改正され、基本理念として「障害を理由として差別その他の権利利益の侵害をしてはならないこと」が追加され、都道府県・市町村の障害者施策に関する基本計画の策定が義務づけられました。

さらに、2005（平成17）年には、障害者自立支援法が成立し、いままで障害種別ごとに異なる法律に基づいて提供されていた福祉サービスを共通の制度の下で一元的に提供するしくみが創設されました。

## §2 ● 多様化する身体障害者の現状

身体障害者福祉法の第4条において、身体障害者とは、「別表に掲げる身体上の障害がある18歳以上の者であって、都道府県知事から身体障害者手帳の交付を受けたものをいう」となっています。

この別表では、①視覚障害、②聴覚または平衡機能の障害、③音声機能、言語機能またはそしゃく機能の障害、④肢体不自由、⑤心臓、じん臓または呼吸

器の機能の障害その他政令で定める障害（内部障害）、の５つの障害に分類して定めています。

　これらの障害は、身体障害者福祉法施行規則別表において、もっとも重い１級からその障害の程度に応じて７級まで区分されています（ただし７級に該当する肢体不自由については、該当する障害が２つ以上ある場合にはじめて６級として身体障害者に認定されます）。

　では、身体障害者の実際の分布・推移・実数等はどのようになっているでしょうか。2016（平成28）年に厚生労働省が実施した生活のしづらさなどに関する調査（身体障害児・者等実態調査）によれば、わが国における在宅の身体障害者（手帳所持者）数は、およそ428万７千人と推計され、2011（平成23）年と比較すると10.9％増加しています。障害の種類別では、肢体不自由がもっとも多く、193万１千人で45％、以下、内部障害、聴覚・言語障害、視覚障害の順となっています（**表1-1**）。

　また、視覚障害者の場合、１級と２級が72.8％を占めています（**表1-2**）。性別では男女の差はほとんどありませんが、年齢階級別に見ると、７割近くが、65歳以上の視覚障害者です（**表1-3**）。

　これらの集計結果からは、身体障害者福祉法制定後70年、急速に進む近年の高齢社会への進展・移行のなかで、障害者の高齢化、重度化といった傾向がますます深刻化しているという背景とともに、身体障害者の福祉ニーズの増大と多様化、在宅福祉サービスへの強い期待も読みとれます。

**表1-1 障害の種類別身体障害者数の推移** （単位：千人）

| | 総数 | 視覚障害 | 聴覚・言語障害 | 肢体不自由 | 内部障害 | 障害種別不詳 | 重複障害（再掲） |
|---|---|---|---|---|---|---|---|
| 1980（昭和55）年 | 1,977 | 336 | 317 | 1,127 | 197 | — | 150 |
| 2001（平成13）年 | 3,327 | 306 | 361 | 1,797 | 863 | — | 181 |
| 2006（平成18）年 | 3,576 | 315 | 360 | 1,810 | 1,091 | — | 325 |
| 2011（平成23）年 | 3,864 | 316 | 324 | 1,709 | 930 | 585 | 176 |
| 2016（平成28）年 | 4,287 | 312 | 341 | 1,931 | 1,241 | 462 | 761 |

**表1-2 視覚障害の等級別にみた障害者状況** （単位：上段　千人／下段　％）

| | 総数 | 1級 | 2級 | 3級 | 4級 | 5級 | 6級 |
|---|---|---|---|---|---|---|---|
| 65歳未満 | 92<br>100.0% | 26<br>28.3% | 35<br>38.0% | 6<br>6.5% | 6<br>6.5% | 13<br>14.1% | 5<br>5.4% |
| 65歳以上 | 220<br>100.0% | 93<br>42.3% | 73<br>33.2% | 18<br>8.2% | 13<br>5.9% | 13<br>5.9 | 11<br>5.0% |
| 計 | 312<br>100.0% | 119<br>38.1% | 108<br>34.6% | 24<br>7.7 | 19<br>6.1% | 26<br>8.3% | 16<br>5.1% |

**表1-3 年齢階級別にみた障害者と視覚障害者の分布状況**

（単位：上段　千人／下段　％）

| | 総数 | 0～9歳 | 10～17歳 | 18～19歳 | 20～29歳 | 30～39歳 | 40～49歳 | 50～59歳 | 60～64歳 | 65～69歳 | 70歳以上 | 不詳 |
|---|---|---|---|---|---|---|---|---|---|---|---|---|
| 2016（平成28）年 | 4,287<br>（100%） | 31<br>0.7% | 37<br>0.9% | 10<br>0.2% | 74<br>1.7% | 98<br>2.3% | 186<br>4.3% | 314<br>7.3% | 331<br>7.7% | 576<br>13.4% | 2,537<br>59.2% | 93<br>2.2% |
| 視覚障害 | 312<br>（100%） | 1<br>0.3% | 4<br>1.3% | — | 8<br>2.6% | 8<br>2.6% | 18<br>5.8% | 29<br>9.3% | 25<br>8.0% | 40<br>12.8% | 175<br>56.0% | 5<br>1.6% |

資料：厚生労働省「平成28年生活のしづらさなどに関する調査（全国在宅障害児・者等実態調査）」（2016年）

※ 小数点第2位を四捨五入。合計が100％にならない場合もある。

# Ⅱ　障害の理解、マイナスからプラスへの転換

## §1 ● 障害への偏見・差別と社会的障壁

　WHO（世界保健機関）が1980（昭和55）年に発表したICIDH（国際障害分類）では、「障害者」を３つの側面からとらえています。それは、①機能障害（疾病）、②能力低下（障害）、③社会的不利（障壁）の３つです。

　①の機能障害は疾病・事故等の結果生じるもの、②の能力低下は機能障害によって生じる生活上のマイナス、③の社会的不利は機能障害・能力低下によってもたらされる社会生活上の不利益です。

　機能障害→能力低下→社会的不利、というマイナスの広がりは、障害者の重い負担となり、意識内に、大きな壁（社会的障壁）をつくり出します。その壁に直面して、外部とのかかわりを避けたり、自立や参加への意思を閉ざしてしまうという悪循環が生じることがあります。「外へ出たくない」、「学校や職場に行きたくない」、こうした体験をする障害者は少なくありません。

　地域社会には、健常者だけが生活を営んでいるわけではなく、さまざまな隣人たちがいます。障害のある人たちも、一人暮らしの高齢者も、ともに暮らしています。そうしたなかで、障害のある人もない人も、お互いに理解し合い、平等に地域に参加し、同じように自立した生活を送ろうというのが、福祉施策の基本とされるノーマライゼーションの理念です。

　こうした理念から見れば、障害者の自立や参加を妨げる社会的障壁が存在することは、障害者をとりまく社会に何らかの問題があると考えられます。

　この点について、1993（平成５）年に策定された厚生省（現・厚生労働省）の「障害者対策に関する新長期計画」では、次のように明記されています。

　　障害者をとりまく社会環境においては、交通機関、建築物等における物理的障壁、資格制度等による制度的障壁、点字や手話サービスの欠如による文化・情報面の障壁、障害者を庇護されるべき存在としてとらえる等の

意識上の障壁（中略）を除去し、（中略）生活環境の改善や技術の進歩に応じた福祉用具の研究開発、普及を図ること等により、障害者が各種の社会活動を自由にできるような社会づくりをめざす。

　障害のある人の社会への参加を実質的なものにするためには、このような社会的障壁を取り除くとともに、障害者がみずからの能力を最大限に発揮し、自己実現できるように、国民１人ひとりの理解と協力を促進することが重要になってきます。

　2003（平成15）年度から実施された「障害者基本計画」では、ノーマライゼーションやリハビリテーションの理念の継承とともに、「共生社会」の実現が大きな目標とされ、わたしたちはとらわれのない心で「人が生きること」の豊かさと可能性について見直す必要があるとされました。

　内閣府では「国民の心の身だしなみによって共生社会の実現が推進される」とよびかけ、「障害の理解と日常生活や事業活動の中での配慮や工夫」をわかりやすくイメージにしました（**図1-2**）。こうした理解を促す取り組みを進めコミュニケーションの輪を広げていくなかで、障害のある人が社会の対等な構成員として人権を尊重され、自己選択と自己決定の下に社会活動に参加し、社会の一員としての責任を分かち合うことができるのです。

　この価値観は行政だけではなく企業やNPO（特定非営利活動）法人を含むすべての社会構成員が共有し、それぞれが責任をもち主体的に役割を果たすことによって地域に根差していくと考えられます。

● **図1-1**　困っていそうな場面を見かけたら「何かお困りですか」と一声かけて、自分にできるお手伝いをしましょう。

## 「共に生きる社会を作るために」
### ～身につけよう心の身だしなみ～

**障　害　の　理　解**

障害は誰にも生じ得る身近なもの

・身体障害の半数は18歳から64歳の
　間の病気や事故によるもの
・うつと診断されるのは国民15人に1人

障害は多種多様で同じ障害でも一
律ではない

・障害の程度による違い
・障害の生じた時期による違い

外見ではわからない障害もある

・聴覚障害や心臓・腎臓等の内部障害
・精神障害や自閉症等の発達障害等

不自由はあるが周囲の理解や配慮
があればできることが多い

・地域での自立した生活、就労など

**日常生活や事業活動の中での配慮や工夫**

困っていそうな場面を見かけたら
「何かお困りですか」と一声かけて、
自分にできるお手伝いをしましょう。

商品やサービスを提供する際には
障害のある利用者もいることを考
えて、どのような配慮が必要か聞
いてみましょう。

「障害があるから」と決めつけず、
それぞれの個性や能力を活性化する
ことを一緒に考えてみましょう。

**共生社会の実現**
（障害の有無にかかわらず誰もが人格と個性を尊重し支え合う社会）

資料：内閣府

● 図1-2

7

　2013（平成25）年度から、「第3次障害者基本計画」が実施されました。計画期間は、制度や経済社会情勢の激しい変化をふまえ、2017（平成29）年までのおおむね5年間となっています。

　第3次計画においては、2011（平成23）年の障害者基本法改正をふまえ基本原則が見直され、①地域社会における共生等、②差別の禁止、③国際的協調が盛り込まれました。

　なお、第3次障害者基本計画は、すべての国民が互いの人格と個性を尊重しながら共生する社会の実現を理念としています。そのために障害者の自己実現を支援する必要があるとの考え方を計画の中に示すとともに、障害者に対する「活動制限」や「参加制約」などの社会的障壁をなくしていくことを施策の基本的な方針としています。すなわち、この第3次障害者基本計画は、全国民が基本的な人権を互いに尊重し合う社会を創造することを目指した施策といってもよいでしょう。

　理念を具現化するために新たに盛り込まれた「地域社会における共生等」には、すべての障害者があらゆる分野の活動に参加する機会が確保されることや地域の人々との共生が実現されること、意思の疎通や情報取得の手段等の拡大を図ることなどが明記されています。また、「差別の禁止」は、障害者の人権を尊重するには社会に現存する差別をなくすことが必要であるとの考えを示したものです。ここでは、差別禁止を実現する方法のひとつとして、障害者雇用促進法の改正をあげています。さらに、「国際的協調」では、わが国の障害者施策が国際的な協調の下で進められる必要があることを述べています。

　なお、2018（平成30）年度から5年間の第4次障害者基本計画では、共生社会の実現に向け、障害者が自らの決定に基づき社会のあらゆる活動に参加し、その能力を最大限発揮して自己実現できるよう支援することを目的としています。つまり、第4次障害者基本計画も、第3次障害者基本計画を引き継ぐ形で、さらなる共生社会の実現や差別解消の推進などを目指しているのです。

　2023（令和5）年度からの第5次障害者基本計画（2023～2027年度）においては、世界に誇れる共生社会の実現を目指すと明記したうえで、各分野ごとに目標値を掲げた共生社会の具現化を目指しています。

# §2 ●「人が生きること、生の全体像」を把握しよう

　前述したとおり、WHOのICIDHは、障害について、機能障害（疾病）→能力低下（障害）→社会的不利（障壁）を直線的に結んでいます。これは、マイナスの方向に導かれた考え方であり、人生の広がりという点において大きな不満が残ります。

　たとえば、視覚障害者が転倒により骨折し、単独歩行が困難になったとしましょう。利用者のマイナス面だけを見てケアプランをつくると、車いすが必要と即断してしまいがちです。しかし、本来の障害者支援は、マイナス面の穴埋めではなく、その人の意欲と可能性を現実化することにあります。時と場合によっては、車いすの安易な利用はその人の依存度を高め、自立を阻害してしまう場合があることを理解しておく必要があります。

　人は、各々潜在的な力と成長する力を備えています。「人が生きること、生の全体像」について考えるときは、一面のみを強調して考えるのではなく、すべての要素に目を配って、それぞれの能力相互の働きを含めて総合的に理解しなければならないと考えられます。障害というマイナスの側面よりも、生（生きること）の全体像に着目して、プラスの面を増やしていくための支援のほうがより大切ではないでしょうか。

　こうした反省に立って、WHOでは2001（平成13）年にICIDHの改訂版として、マイナスからプラスへの方向転換を図るICF（国際生活機能分類）を提案しました。ICFでは、ICIDHの「障害」というマイナスの視点に対して、人が生きていくためのさまざまな働きを表すプラスの視点として、「生活機能」という考え方を示しています。

　この「生活機能」は、①生命レベル＝心身機能・身体構造、②生活レベル＝活動、③人生レベル＝参加の３つのレベルに分けて考えられています。さらに、こうした生活機能に影響を与える背景因子として、健康状態（病気、けが、ストレス等）、環境因子（介護者、福祉用具、社会制度等）、個人因子（年齢、性別、ライフスタイル、価値観）などをあげています（**図1-3**）。

　そして、それぞれの人の意欲とプラスの能力を引き出し、「生活機能」を高

め、自立を現実化していくには、日常生活のなかの「活動」と「参加」をより
活発にしていく必要があるとしています。「活動」と「参加」といっても、人
によってまちまちですが、「参加」とはその人がかかわりをもち役割を果たす
行為、「活動」はそのために必要な生活の内容、と考えられます。

　障害者の自立支援に際しては、その人の人生とライフスタイルのなかで、
「生きることの全体像」を理解し、プラスの方向において「活動」と「参加」
を重視して、生活機能の向上に努めようというわけです。このような考え方
は、「障害のある人もない人も、同じように地域に暮らす」というノーマライ
ゼーションの延長にあり、その深化であるといってよいでしょう。

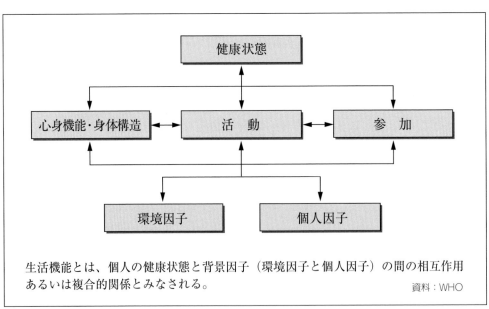

生活機能とは、個人の健康状態と背景因子（環境因子と個人因子）の間の相互作用
あるいは複合的関係とみなされる。

資料：WHO

◯ 図1-3　WHO：ICFの生活機能モデル「さまざまな構成要素間の相互作用」

# Ⅲ　障害者自立支援法

## §1 ● 障害者自立支援法の概要

　高齢者福祉における介護保険法の改正と同様に、障害者福祉においても、大きく制度が変更されました。ここでは、2006（平成18）年4月から施行され、2010（平成22）年12月に大幅な改正が行われた障害者自立支援法が2012（平成24）年6月に障害者総合支援法へと改称改正された経緯と現法の概要を説明します。

### Ⓐ 障害者自立支援法創設と改正の背景

#### 1）　障害者自立支援法成立までの経緯

　これまでの障害者福祉サービスは、身体障害、知的障害、精神障害という障害別および年齢別に実施されてきました。

　障害者自立支援法は、複雑に組み合わされてきた福祉サービスや就労支援などに関する制度的な枠組みを、基本的に身体障害、知的障害、精神障害の3障害共通のものとする考えに立って検討されました。ただし、それぞれの障害特性に配慮するためには、従来からの個々の法律に基づく制度も必要となります。したがって、個々の制度に共通する部分を障害者自立支援法上に規定するというかたちで法案づくりが進められました。

　利用者負担に対する反対意見や、応能負担か応益負担かで議論されるなど、障害者の自己負担についてはさまざまな意見が出されましたが、最終的には23項目の附帯決議がなされたうえで、2005（平成17）年10月31日に成立。同年11月7日に公布され、一部の規定を除き、2006年4月1日から施行されました。

　また、2009（平成21）年9月の政権交代により、障害者自立支援法は廃止する方向が打ち出されるとともに、それに代わる法律・制度を検討するため、政府は「障がい者制度改革推進本部」を設置しました。しかし実際は、さまざまな意見や政治的な情勢もあって、障害者自立支援法に代わる法律は、すぐには

制定できませんでした。そこで、2010年12月、障害者自立支援法において早急な改善が必要な事項に焦点を絞り、その部分の改正を目的とした「障がい者制度改革推進本部等における検討を踏まえて障害保健福祉施策を見直すまでの間において障害者等の地域生活を支援するための関係法律の整備に関する法律」を成立させました。この法律の長い名称が示すように、障害者自立支援法に代わる新しい法律ができるまで、当面、障害者自立支援法などを改正して対応していこうというのが、その趣旨です。

「障がい者制度改革推進本部等における検討を踏まえて障害保健福祉施策を見直すまでの間において障害者等の地域生活を支援するための関係法律の整備に関する法律」により、障害者自立支援法などが大幅に改正されました。その主な改正点は次のとおりです。

①利用者負担は、応能負担を原則とする

②発達障害が障害者自立支援法の対象となることを明確にする

③障害福祉サービスにおいて「同行援護」を創設する（後述、2011〈平成23〉年10月施行）

これらの改正は、同法律の公布日の2010年12月10日に一部が施行、2012（平成24）年4月から全面施行されました。

## Ⅳ　障害者総合支援法

### §1 ● 障害者総合支援法の概要

2012（平成24）年、障害者自立支援法は大幅な改定が行われ、法律名も「障害者の日常生活及び社会生活を総合的に支援するための法律」（略称「障害者総合支援法」）に改められました。ここでは、障害者総合支援法に至るまでの経緯、この法律の概要などについて説明します。

## Ⓐ 障害者総合支援法の背景

### 1）　障害者自立支援法から障害者総合支援法へ

　参議院が与野党逆転していることなどの政治状況もあって、政府・与党は結局、障害者自立支援法の廃止や新法の制定ができず、2012（平成24）年の通常国会で「地域社会における共生の実現に向けて新たな障害保健福祉施策を講ずるための関係法律の整備に関する法律」を成立させ（同年6月27日公布）、障害者自立支援法をはじめとして児童福祉法、身体障害者福祉法、知的障害者福祉法などを一括して改正しました。また、障害者自立支援法については「障害者の日常生活及び社会生活を総合的に支援するための法律」（略称「障害者総合支援法」）に法律名が変更されました。

　障害者総合支援法の施行は、2013（平成25）年4月1日と2014（平成26）年4月1日の2段階で行われました。また、施行後3年を目途とした、障害サービスの在り方等の見直しをふまえて、2018年4月1日にも改正が行われました。それら施行の時期、主要な内容は、次のとおりです。

　2013年4月1日からの施行が、⑴障害者の範囲に難病等を追加、⑵地域生活支援事業の追加、⑶サービス基盤の計画的整備、など。

　2014年4月1日からの施行が、⑴障害者自立支援法に基づく現行の「障害程度区分」を「障害支援区分」に改める、⑵重度訪問介護の対象拡大、⑶共同生活介護（ケアホーム）を共同生活援助（グループホーム）へ一元化、⑷地域移行支援の対象拡大、など。

　法の施行後3年（2016年3月まで）を目途として検討されたのが、⑴常時介護を要する障害者等に対する支援、障害者等の移動の支援、就労の支援、その他サービスのあり方、⑵支給決定のあり方、⑶障害者の意思決定支援のあり方、成年後見制度の利用促進のあり方、⑷手話通訳等を行う者の派遣、聴覚、言語機能、音声機能、その他の障害のため意思疎通を図ることに支障がある障害者等に対する支援のあり方、⑸精神障害者、高齢の障害者に対する支援のあり方、など。

　上記の検討をふまえて、2018年4月1日からの施行が、（1）「自立生活援助」「就労生活支援」の追加、（2）重症心身障害児などに対して訪問型の児童

発達支援を創設、（3）補装具の貸与制度の追加、など。

なお、2013年度の段階では、国が難治性疾患克服研究事業の対象としている130疾患を「難病」としたうえで、これらの疾患の患者が「障害者」の範囲に加わったことが、大きな改定となりました。

その後、2015年1月に施行された難病の患者に対する医療等に関する法律および児童福祉法の一部改正法に伴う指定難病及び小児慢性特定疾病の対象疾病の検討をふまえ、障害者総合支援法対象疾病検討会が設置され、対象疾病に関する見直しが行われました。2015年1月より障害者総合支援法の対象となる難病等の範囲が第1次対象疾病として151疾病に拡大されました。

現在では、300以上の疾病が対象となっています（厚生労働省「障害者総合支援法の対象疾病（難病等）」https://www.mhlw.go.jp/stf/seisakunitsuite/bunya/hukushi_kaigo/shougaishahukushi/hani/index.html）。

### 2）介護保険制度と障害者総合支援法の関係

介護保険制度と障害者福祉制度（障害者総合支援法等）の関係は、両制度に共通するサービスについては介護保険制度を優先し、介護保険制度にないサービス等については障害者福祉制度を適用する、というしくみになっています（**図1-4**）。

障害者総合支援法第7条において、このように規定をし、他の法令による給付との調整をしています。具体的には、同第7条で「自立支援給付は、当該障害の状態につき、介護保険法（平成9年法律第123号）の規定による介護給付、健康保険法（大正11年法律第70号）の規定による療養の給付その他の法令に基

［上乗せ部分］
市町村が適当と認める支給量が介護保険の限度額では確保できない等の場合には、障害者福祉制度から給付

障害者福祉制度

介護保険と障害者福祉制度で共通するサービス
⇒ 介護保険からの給付が優先

［横出し部分］
訓練等給付などの介護保険にないサービスは障害福祉サービスから給付

❷ 図1-4　65歳以上の要介護状態にある障害者での介護保険制度と障害者福祉制度の関係

づく給付又は事業であって政令で定めるもののうち自立支援給付に相当するものを受け、または利用することができるときは政令で定める限度において、当該政令で定める給付又は事業以外の給付であって国又は地方公共団体の負担において自立支援給付に相当するものが行われたときはその限度において、行わない」と規定しています。

## Ⓑ 障害者総合支援法とは

### 1）障害者総合支援法の概要

#### a．障害者総合支援法の目的

　障害者総合支援法は、基本理念を「障害者及び障害児が日常生活又は社会生活を営むための支援は、全ての国民が、障害の有無にかかわらず、等しく基本的人権を享有するかけがえのない個人として尊重されるものである」としたうえで、「全ての国民が、障害の有無によって分け隔てられることなく、相互に人格と個性を尊重し合いながら共生する社会を実現するため、全ての障害者及び障害児が可能な限りその身近な場所において必要な日常生活又は社会生活を営むための支援を受けられることにより社会参加の機会が確保されること及びどこで誰と生活するかについての選択の機会が確保され、地域社会において他の人々と共生することを妨げられないこと並びに障害者及び障害児にとって日常生活又は社会生活を営む上で障壁となるような社会における事物、制度、慣行、観念その他一切のものの除去に資することを旨として、総合的かつ計画的に行わなければならない」と規定しています（第1条の2関係）。

　つまり、基本理念として、法に基づく支援が、社会参加の機会の確保や地域社会での共生、社会的障壁の除去に資するものとなるよう総合的かつ計画的に行われなければならないことを掲げ、法に基づく支援が総合的に行われることを規定しているのが、ポイントとなります。

#### b．障害者総合支援法の趣旨

　障害者総合支援法の前身である障害者自立支援法は、身体障害、知的障害、精神障害の障害者・児に対する自立支援給付と地域生活支援事業を行うための法律として制定されました。それ以前の支援費制度（2003〈平成15〉年4月〜

2006〈平成18〉年3月）では対象となっていなかった精神障害が加わり、複雑な障害福祉のしくみのうち、3障害に共通する制度を設け、わかりやすく、利用しやすくしようというものでした。

　自立支援給付とは、障害福祉サービス、自立支援医療、補装具の購入などの費用を給付するものです。給付に要する費用のうち、原則として1割を利用者が負担し、残りの9割を市町村（4分の1）、都道府県（4分の1）、国（2分の1）が負担します。障害者がその給付を受けるには、市町村に申請して給付決定を受ける必要があります。

　市町村および都道府県は、国の定める基本指針に則して、障害福祉サービスや地域生活支援事業などの提供体制の確保に関する障害福祉計画を定めます。

　障害者自立支援法が大幅に改正され、その法律名が、障害者総合支援法と変わり2013（平成25）年4月1日から（一部、2014〈平成26〉年より）施行されました。

### 2）制度とサービスの実際

### a．制度のしくみ

### （1）サービスの一元化

　障害者総合支援法に基づく制度では、身体障害・知的障害・精神障害の3障害すべてを対象としたうえで、サービス提供主体は市町村に一元化されました。なお、65歳以上（40～64歳は特定疾病）の要介護状態にある障害者は、介護保険制度の給付が優先適用される点についてはこれまでどおりです。医療についても、従来どおり医療保険制度などを活用します。

### （2）市町村が実施の中心

　障害者総合支援法に基づく制度において、中心的な役割を果たすのは市町村です。市町村は、地域生活支援事業、自立支援給付の実施主体となります。

　市町村が行う地域生活支援事業としては、相談、情報提供・助言、権利擁護、手話通訳等の派遣、日常生活用具の給付・貸与、移動の支援など、さまざまなものが設定されています。

　なお、地域生活支援事業のうち特に専門性の高い相談支援事業や、広域的な対応が必要な事業などについては、都道府県が実施主体となります。

　自立支援給付は全国で統一基準で行いますが、地域生活支援事業はその地域の特性や利用者の状況を踏まえて柔軟に実施することに特徴があります。つまり、地域生活支援事業は、市町村ごとでサービス内容などに違いが出るということです。

### （3）ケアマネジメント

　従来の障害者福祉サービスにおけるケアマネジメントでは、統一的なアセスメントや区分がなく、ケアマネジメントの手法が活用されていないといった根本的な問題が指摘されてきました。

　そこで、ケアマネジメントにおいては、

　①統一的なアセスメントや障害支援区分、市町村審査会の導入

　②相談支援事業者の活用

　③職員などに対する研修の制度化

　④サービス利用計画作成費の制度化による個別給付

などの対応がなされます。

　しくみとしては、介護保険制度での要介護認定、ケアプラン作成とケアマネジメントに近いものとなります。

### （4）障害支援区分

　障害支援区分は、区分1～6の6段階に分けられます。これは介護保険制度における要支援・要介護度に対応したもので、区分1が要支援、区分2～6がそれぞれ要介護1～5に、ほぼ相当します。身体障害者福祉法で定められている「障害等級」などとは異なるものです。

　介護給付を希望する場合、市町村が障害支援区分認定調査を用いた一次判定を、市町村審査会が医師の意見書を踏まえた二次判定を行います（**図1-5**）。

　なお、障害者総合支援法の施行により2014（平成26）年4月1日から、「障害程度区分」を「障害支援区分」に名称変更し、その定義についても「障害者等の障害の多様な特性その他の心身の状態に応じて必要とされる標準的な支援の度合を総合的に示すもの」と改められました。

### （5）サービス体系の見直し

　障害者自立支援法において、支援費制度の「居宅系サービス」「施設系サー

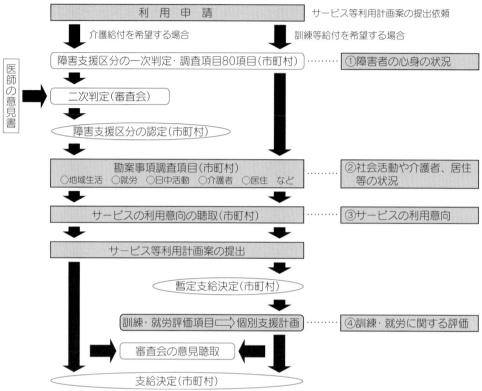

注）　同行援護の場合、別に「同行援護アセスメント調査票」によるアセスメントを行います。また、同行援護の
　　　支給決定は、認定調査のみ行い、審査会での審査・判定及び障害支援区分の認定は行いません（ただし、区
　　　分3以上支援加算の対象者と見込まれる場合を除く）。

厚生労働省資料を基に作成

→ 図1-5　自立支援給付の支給決定までの流れ

ビス」という2つのサービス体系から、「介護給付」「訓練等給付」「地域生活
支援事業」に再編されました。「介護給付」と「訓練等給付」は、自立支援給
付のなかに位置づけられました。（**図1-6**）

　ただし、既存の施設体系・事業体系をすぐに撤廃するということではなく、
2012（平成24）年3月まで5年程度をかけて新たな体系に移行しました。

　障害者自立支援法における考え方は、入所施設のサービスを、日中活動事業
（昼のサービス）と居住支援事業（夜のサービス）に分け、利用者が地域社会
と自然に交わりながら生活していけるようにしようというものであり、障害者
総合支援法の施行後も継続されています（**図1-7**）。

```
┌─────────────────────────────────────────┐
│           自 立 支 援 給 付                │
├─────────────────────────────────────────┤
│ 介護給付    ○ 居宅介護(ホームヘルプ)       │
│             ○ 重度訪問介護                │
│             ○ 同行援護                    │
│             ○ 行動援護                    │
│             ○ 重度障害者等包括支援         │
│             ○ 短期入所(ショートステイ)     │
│             ○ 療養介護                    │
│             ○ 生活介護                    │
│             ○ 施設入所支援                │
├─────────────────────────────────────────┤
│ 訓練等給付   ○ 自立訓練(機能訓練・生活訓練) │
│             ○ 就労移行支援                │
│             ○ 就労継続支援(A型・B型)       │
│             ○ 就労定着支援                │
│             ○ 自立生活援助                │
│             ○ 共同生活援助                │
├─────────────────────────────────────────┤
│ 相談支援    ○ 計画相談支援                 │
│             ○ 地域相談支援                │
├─────────────────────────────────────────┤
│ 自立支援医療等 ○ 更生医療                 │
│             ○ 育成医療※                   │
│             ○ 精神通院医療の支給※          │
├─────────────────────────────────────────┤
│ 補装具費の支給                            │
└─────────────────────────────────────────┘
```

```
┌─────────────────────────────────────────┐
│           地 域 生 活 支 援 事 業           │
├─────────────────────────────────────────┤
│ 〈例〉相談支援事業、日常生活用具の給付・貸与、移動支 │
│     援など                                │
└─────────────────────────────────────────┘
```

※育成医療と精神通院医療についての
実施主体は都道府県等です。

**➡ 図1-6　障害者総合支援法に基づくサービス事業**
障害者総合支援法に基づく総合的な自立支援システムは、自立支援給付と地域生活支援事業で構成
されている。

## b．具体的なサービス

　障害者総合支援法に基づくサービス事業は大きく2つに分かれます。

・**自立支援給付**（介護給付、訓練等給付、自立支援医療等、補装具費の支給）

・**地域生活支援事業**（日常生活用具の給付・貸与、移動支援事業等）

　それぞれの事業のなかで個別に具体的なサービスが提供されます。

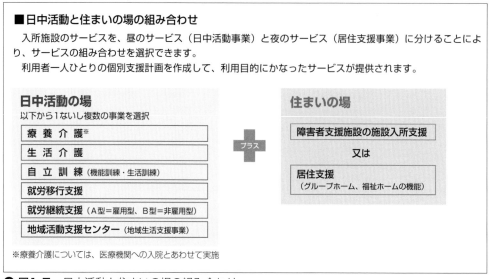

**■日中活動と住まいの場の組み合わせ**

　入所施設のサービスを、昼のサービス（日中活動事業）と夜のサービス（居住支援事業）に分けることにより、サービスの組み合わせを選択できます。

　利用者一人ひとりの個別支援計画を作成して、利用目的にかなったサービスが提供されます。

**日中活動の場**
以下から1ないし複数の事業を選択

| 療養介護※ |
| 生活介護 |
| 自立訓練（機能訓練・生活訓練） |
| 就労移行支援 |
| 就労継続支援（Ａ型＝雇用型、Ｂ型＝非雇用型） |
| 地域活動支援センター（地域生活支援事業） |

プラス

**住まいの場**

| 障害者支援施設の施設入所支援 |
| 又は |
| 居住支援（グループホーム、福祉ホームの機能） |

※療養介護については、医療機関への入院とあわせて実施

**❷ 図1-7　日中活動と住まいの場の組み合わせ**

## （1）自立支援給付

　自立支援給付での利用者負担は、原則として応能負担です。ただし、世帯の収入状況に応じて軽減があります。

### ●介護給付

### ・居宅介護（ホームヘルプ）

　障害者等の利用者宅で、入浴、排せつ、食事などの介護を行います。

### ・重度訪問介護

　重度の肢体不自由者で常時介護が必要な人を対象として、利用者宅で、入浴、排せつ、食事などの介護を行います。また、外出時における移動支援も行います。

　なお、障害者総合支援法の施行により2014（平成26）年４月１日から、重度訪問介護の対象を拡大し、重度の知的障害者・精神障害者もその対象になりました。

### ・同行援護

　視覚障害により移動が著しく困難な人を対象に、外出時に同行し情報を提供します。

・行動援護

　知的障害または精神障害などで自己判断能力が制限されている人を対象として、危険を回避するために必要な支援、外出支援を行います。

・重度障害者等包括支援

　介護の必要度が極めて高い人を対象として、居宅介護等複数のサービスを包括的に行います。

・短期入所（ショートステイ）

　介護者等の事情により在宅で生活できない人を対象に、短期間、施設において、入浴、排せつ、食事などの介護を行います。

・療養介護

　医療と常時介護を必要とする人を対象に、医療機関において機能訓練、療養上の管理、看護、介護および日常生活の世話を行います。

・生活介護

　常時介護を必要とする人を対象に、主として昼間、障害者支援施設等において、入浴、排せつ、食事などの介護を行うほか、創作的活動、生産活動などの機会を提供します。

・施設入所支援

　施設に入所する人を対象に、主に夜間や休日において、入浴、排せつ、食事などの介護を行います。

●訓練等給付

訓練等給付には、次のものがあります。

・自立訓練（機能訓練・生活訓練）

・就労移行支援

・就労継続支援（A型・B型）

・就労定着支援

・自立生活援助

・共同生活援助

●相談支援

居宅や施設等で生活する人に対して行う相談支援です。

・**計画相談支援**

・**地域相談支援**

●**自立支援医療等**

　従来、障害者に対する公費負担医療は、それぞれ個別の法律に基づき、精神通院医療や更生医療などが実施されてきましたが、障害者自立支援法（現障害者総合支援法）により「自立支援医療」として一本化されました。このことにより、支給認定の手続きなどが共通化され、わかりやすいしくみになりました。

　自立支援医療での利用者負担は、原則として1割の定率負担で、入院時の食費は全額（標準負担額）が自己負担です。ただし、世帯の収入状況に応じて軽減があります。

●**補装具費の支給**

　これまでの現物支給から、補装具費（購入費および修理費）の支給となります。利用者負担は定率で1割負担です。

**（2）地域生活支援事業**

　地域生活支援事業は、市町村や都道府県が、その地域や利用者の特性に応じて柔軟に提供するサービスですが、「必須」とされる事業もあります。利用料は、実施主体の判断で、条例で定めることができます。全国一律ということではありません。

　市町村地域生活支援事業で「必須事業」とされているのは

①理解促進研修・啓発事業

②自発的活動支援事業

③相談支援事業

④成年後見制度利用支援事業

⑤成年後見制度法人後見支援事業

⑥意思疎通支援事業

⑦日常生活用具給付等事業

⑧手話奉仕員養成研修事業

⑨移動支援事業

⑩地域活動支援センター機能強化事業

です。

　都道府県地域生活支援事業で「必須事業」とされているのは

①専門性の高い相談支援事業

②専門性の高い意思疎通支援を行う者の養成研修事業

③専門性の高い意思疎通支援を行う者の派遣事業

④意思疎通支援を行う者の派遣に係る市町村相互間の連絡調整事業

⑤広域的な支援事業

です。

# 第2章

# 外出支援の制度

## Ⅰ 居宅介護従業者の制度

### §1 ● 居宅介護従業者

#### Ⓐ 居宅介護従業者

　障害者総合支援法に基づき、厚生労働省告示第538号（2006年9月29日）では、居宅介護従業者（指定居宅介護等の提供に当たる者）を次のように定めています（一部省略）。

1　介護福祉士

2　社会福祉士及び介護福祉士法（昭和62年法律第30号）第40条第2項第2号の指定を受けた学校又は養成施設において1月以上介護福祉士として必要な知識及び技能を習得した者（以下「実務者研修修了者」という。）

3　居宅介護職員初任者研修（障害者等（障害者の日常生活及び社会生活を総合的に支援するための法律（平成17年法律第123号。以下「法」という。）第2条第1項第1号に規定する障害者等をいう。）の介護に従事する職員が行う業務に関する知識及び技術を習得することを目的として行われる研修であって、次条の規定により読み替えられた介護保険法施行規則第22条の23第2項に規定する厚生労働大臣が定める基準（平成24年厚生労働省告示第71号）別表第一に定める内容以上のものをいう。以下同じ。）の

　課程を修了し、当該研修の事業を行った者から当該研修の課程を修了した
　旨の証明書の交付を受けた者

4　障害者居宅介護従業者基礎研修（障害者等に対する入浴、排せつ及び食
　事等の介護並びに調理、洗濯及び掃除等の家事に関する知識及び技術を習
　得することを目的として行われる研修であって、別表第1に定める内容以
　上のものをいう。以下同じ。）の課程を修了し、当該研修の事業を行った
　者から当該研修の課程を修了した旨の証明書の交付を受けた者

5　重度訪問介護従業者養成研修（重度の肢体不自由者又は重度の知的障害
　若しくは精神障害により行動上著しい困難を有する障害者であって、常時介
　護を要するものに対する入浴、排せつ及び食事等の介護、調理、洗濯及び掃
　除等の家事、当該障害者の特性の理解及び居宅内や外出時における危険を
　伴う行動を予防又は回避するために必要な援護等に関する知識及び技術を習
　得することを目的として行われる研修であって、別表第2から別表第5まで
　に定める内容以上のものをいう。以下同じ。）の課程を修了し、当該研修の
　事業を行った者から当該研修の課程を修了した旨の証明書の交付を受けた者

6　同行援護従業者養成研修（視覚障害により、移動に著しい困難を有する
　障害者等に対して、外出時において、当該障害者等に同行し、移動に必要
　な情報の提供、移動の援護、排せつ及び食事等の介護その他の当該障害者
　等の外出時に必要な援助を行うことに関する知識及び技術を習得すること
　を目的として行われる研修であって、別表第6又は別表第7に定める内容以
　上のものをいう。以下同じ。）の課程を修了し、当該研修の事業を行った者
　から当該研修の課程を修了した旨の証明書の交付を受けた者（令和3年3
　月31日において視覚障害及び聴覚障害が重複している障害者等に対して法
　第78条第1項に規定する特に専門性の高い意思疎通支援を行う者を派遣す
　る事業に従事した経験を有する者であって、都道府県知事から必要な知識
　及び技術を有すると認める旨の証明書の交付を受けていたものにあっては、
　令和6年3月31日までの間は、本号に規定する者に該当するものとみなす。）

7　行動援護従業者養成研修（知的障害又は精神障害により行動上著しい困

難を有する障害者等であって常時介護を要するものにつき、当該障害者等の特性の理解や評価、支援計画シート等の作成及び居宅内や外出時における危険を伴う行動を予防又は回避するために必要な援護等に関する知識及び技術を習得することを目的として行われる研修であって、別表第8に定める内容以上のものをいう。以下同じ。）の課程を修了し、当該研修の事業を行った者から当該研修の課程を修了した旨の証明書の交付を受けた者

8　平成25年3月31日において現に居宅介護職員初任者研修の課程に相当するものとして都道府県知事が認める研修の課程を修了し、当該研修の事業を行った者から当該研修の課程を修了した旨の証明書の交付を受けた者

9　平成25年3月31日において現に障害者居宅介護従業者基礎研修の課程に相当するものとして都道府県知事が認める研修の課程を修了し、当該研修の事業を行った者から当該研修の課程を修了した旨の証明書の交付を受けた者

10　平成18年9月30日において現に重度訪問介護従業者養成研修の課程に相当するものとして都道府県知事が認める研修の課程を修了し、当該研修の事業を行った者から当該研修の課程を修了した旨の証明書の交付を受けた者

11　平成23年9月30日において、現に同行援護従業者養成研修の課程に相当するものとして都道府県知事が認める研修の課程を修了し、当該研修の事業を行った者から当該研修の課程を修了した旨の証明書の交付を受けた者

12　平成18年9月30日において現に行動援護従業者養成研修の課程に相当するものとして都道府県知事が認める研修の課程を修了し、当該研修の事業を行った者から当該研修の課程を修了した旨の証明書の交付を受けた者

13　平成25年3月31日において現に居宅介護職員初任者研修の課程に相当するものとして都道府県知事が認める研修の課程を受講中の者であって、平成25年4月1日以降に当該研修の課程を修了し、当該研修の事業を行った者から当該研修の課程を修了した旨の証明書の交付を受けたもの

14　平成25年3月31日において現に障害者居宅介護従業者基礎研修の課程に相当するものとして都道府県知事が認める研修の課程を受講中の者であって、平成25年4月1日以降に当該研修の課程を修了し、当該研修の事業を

行った者から当該研修の課程を修了した旨の証明書の交付を受けたもの

15　平成18年9月30日において現に重度訪問介護従業者養成研修の課程に相当するものとして都道府県知事が認める研修の課程を受講中の者であって、平成18年10月1日以降に当該研修の課程を修了し、当該研修の事業を行った者から当該研修の課程を修了した旨の証明書の交付を受けたもの

16　平成23年9月30日において、現に同行援護従業者養成研修の課程に相当するものとして都道府県知事が認める研修の課程を受講中の者であって、平成23年10月1日以降に当該研修の課程を修了し、当該研修の事業を行った者から当該研修の課程を修了した旨の証明書の交付を受けた者

17　平成18年9月30日において現に行動援護従業者養成研修の課程に相当するものとして都道府県知事が認める研修の課程を受講中の者であって、平成18年10月1日以降に当該研修の課程を修了し、当該研修の事業を行った者から当該研修の課程を修了した旨の証明書の交付を受けたもの

18　介護職員初任者研修課程（介護保険法施行規則（平成11年厚生省令第36号）第22条の23第1項に規定する介護職員初任者研修課程をいう。）を修了し、当該研修の事業を行った者から当該研修の課程を修了した旨の証明書の交付を受けた者

18の2　生活援助従事者研修課程（介護保険法施行規則第22条の23第1項に規定する生活援助従事者研修課程をいう。）を修了し、当該研修の事業を行った者から当該研修の課程を終了した旨の証明書の交付を受けた者

19　平成18年3月31日において現に身体障害者居宅介護等事業（法附則第34条の規定による改正前の身体障害者福祉法（昭和24年法律第283号）第4条の2第6項に規定する身体障害者居宅介護等事業をいう。）、知的障害者居宅介護等事業（法附則第51条の規定による改正前の知的障害者福祉法（昭和35年法律第37号）第4条第7項に規定する知的障害者居宅介護等事業をいう。）又は児童居宅介護等事業（法附則第25条の規定による改正前の児童福祉法（昭和22年法律第164号）第6条の2第7項に規定する児童居宅介護等事業をいう。）に従事した経験を有する者であって、都道府県知事か

ら必要な知識及び技術を有すると認める旨の証明書の交付を受けたもの

20　この告示による廃止前の指定居宅介護等の提供に当たる者として厚生労働大臣が定めるもの（平成18年厚生労働省告示第209号。以下「旧指定居宅介護等従業者基準」という。）第3号に掲げる視覚障害者外出介護従業者養成研修、旧指定居宅介護等従業者基準第四号に掲げる全身性障害者外出介護従業者養成研修又は旧指定居宅介護等従業者基準第五号に掲げる知的障害者外出介護従業者養成研修の課程に相当するものとして都道府県知事が認める研修の課程を修了し、当該研修の事業を行った者から当該研修の課程を修了した旨の証明書の交付を受けた者

21　平成18年9月30日において現に旧指定居宅介護等従業者基準第三号に掲げる視覚障害者外出介護従業者養成研修、旧指定居宅介護等従業者基準第四号に掲げる全身性障害者外出介護従業者養成研修、旧指定居宅介護等従業者基準第五号に掲げる知的障害者外出介護従業者養成研修又はこれらの研修の課程に相当するものとして都道府県知事が認める研修の課程を修了し、当該研修の事業を行った者から当該研修の課程を修了した旨の証明書の交付を受けた者

22　平成18年9月30日において現に旧指定居宅介護等従業者基準第3号に掲げる視覚障害者外出介護従業者養成研修、旧指定居宅介護等従業者基準第4号に掲げる全身性障害者外出介護従業者養成研修、旧指定居宅介護等従業者基準第5号に掲げる知的障害者外出介護従業者養成研修又はこれらの研修の課程に相当するものとして都道府県知事が認める研修を受講中の者であって、平成18年10月1日以降に当該研修の課程を修了し、当該研修の事業を行った者から当該研修の課程を修了した旨の証明書の交付を受けたもの

「指定居宅介護等の提供に当たる者として厚生労働大臣が定めるもの」より抜粋

（平成18年9月29日）

（厚生労働省告示第538号）

### Ⓑ 障害者総合支援法における「居宅介護」とは

　障害者の日常生活及び社会生活を総合的に支援するための法律（障害者総合支援法）における「居宅介護」とは、障害者等につき、居宅において入浴、排せつ又は食事の介護その他の厚生労働省令で定める便宜を供与することをいいます（第5条第2項関係）。

### Ⓒ 資格を取得するにあたって

　介護保険のもとで訪問介護などの仕事をするには、介護職員初任者研修を受講・修了する必要があります（旧「ホームヘルパー2級」相当）。

　同様に、障害者総合支援法のもとで居宅介護のサービス提供を行うには、居宅介護職員初任者研修や障害者居宅介護従業者基礎研修（居宅介護従業者が行う業務に関する基礎的な知識及び技術を習得することを目的として行われる研修）を修了する必要があります。

## §2 ● 外出支援

### Ⓐ ガイドヘルパー制度

**1）ガイドヘルパー制度の歴史**

**a．障害者の社会参加**

　1974（昭和49）年、身体障害者地域福祉活動促進事業の拡大により「盲人ガイドヘルパー派遣事業」が導入され、単独歩行ができないでいた盲人に自由に外出できるという喜びを与えました。1979（昭和54）年には障害者社会参加促進事業の1つとなり、さらに、1981（昭和56）年に実施された国際障害者年の基本理念で「社会への完全参加と平等」がうたわれるとともに、「脳性まひ者等ガイドヘルパー派遣事業」が障害者社会参加促進事業に加えられることとなりました。これにより、ガイドヘルパー制度を利用して外出する障害者がより多くなったものの、現実には社会参加促進としての外出は、まだサービスの対象外でした。

　当時の業務内容のなかで、現行と相違している点を次にあげます（**表2-1**、

2-2）。

　1988（昭和63）年に、「家庭奉仕員派遣事業」にならい応能負担が導入されたことで、地域生活を送る視覚障害者等の日常生活を支えるための重要な役割をもち、また制度としての充実が図られるようになりました。

### ｂ．高齢社会

　高齢社会となり、高齢になってからの視覚障害者が増えたことや、核家族化

**⊙ 表2-1　盲人ガイドヘルパー派遣事業**

①実施主体：都道府県および市（ただし、事業の一部を身体障害者福祉団体等に委託可能）。

②派遣対象：市町村、福祉事務所等の公的機関および医療機関等に行くなどの、社会生活上の外出が必要不可欠な場合に適当な付き添いが得られない、低所得世帯に属する重度視覚障害者。

**⊙ 表2-2　脳性まひ者等ガイドヘルパー派遣事業**

①実施主体：都道府県および市（ただし、事業の一部を身体障害者福祉団体等に委託可能）。

②派遣対象：重度の身体機能障害のために、単独での外出が困難な脳性まひ者等全身性障害者。また、市町村、福祉事務所等の公的機関および医療機関等に行くなどの、社会生活上の外出が必要不可欠な場合に適当な付き添いが得られない者。

③ガイドヘルパーの条件：派遣が必要であると認定した障害者の推薦によって実施主体が適当であると認め、登録した者。ただし、障害者が推薦しない場合は、実施主体がすでに登録してあるガイドヘルパーの中から選定される。

④ガイドヘルパー派遣介助券：1回半日単位で、ガイドヘルパー派遣の必要が認められた場合に交付される。月10回を限度とする一括交付は、実施主体が必要と認めた場合のみ。

の進行により、ガイドヘルパーの需要を含めた介護のニーズが膨らんでいます。2016（平成28）年に実施された生活のしづらさなどに関する調査（身体障害児・者等実態調査）によれば、視覚障害者のうち65歳以上は約69％となっており、視覚障害者10人のうち7人が高齢であるという事実が明らかになりました（**4ページ、表1-3参照**）。

　高齢者の場合は、視覚障害以外の疾病等を抱えるケースも多く、医療機関への通院も頻繁になります。ガイドヘルパーは介護職として、身近で命を預かり護るという重要な役目を果たさなくてはならなくなりました。

　障害者自立支援法の改正により、2011（平成23）年10月に「同行援護」が創設されました。現在では、外出支援を行うサービスは、自立支援給付の同行援護と地域生活支援事業での移動支援の2つのサービスが行われることになります（**19ページ、図1-6参照**）。

## Ⓑ 外出支援の業務

　外出時の移動介護サービスを提供するのが外出支援事業です。その対象者は、視覚障害、全身性障害、知的障害、精神障害などにより、市町村が外出時に移動の支援が必要であると認めた者となっています。

　視覚障害者の外出支援サービスは、自宅で迎え自宅に送り届けるだけとは限りません。最寄り駅から目的地までで終わる場合もあります。

　利用者が市町村や福祉事務所等の公的機関に行くなどの必要不可欠な外出のほか、社会参加活動に必要な場合もサービス対象となります。社会参加活動とは、映画や観劇などの娯楽要素のあるものも含まれています。このような余暇活動は、利用上限がある場合もありますが、障害者が積極的に社会活動に参加できる一助となっていることを忘れないでください。

　一方、サービスの対象とならないのは、通勤、営業活動等の経済的活動に関する外出や通学等の通年かつ長期にわたる外出、社会通念上この制度の適用が適当でない外出の場合となっています。

　障害者総合支援法に規定される外出支援サービスは下記のとおりです。

・同行援護

視覚障害により移動に著しい困難を生じる人の外出支援を行うサービス。

・行動援護

知的障害または精神障害の人の外出支援を行うサービス。

・重度訪問介護

重度の肢体不自由者、知的障害者、精神障害者に対するサービスの一環として提供。

・移動支援事業

「地域生活支援事業」におけるサービスの1つとして、障害者等が円滑に外出するための移動の支援を行う事業

具体的なサービス内容や実施方法などは、各市町村により異なります。

## 1）基本的サービス

外出支援事業で行うサービスとしては、まず、利用者との待ち合わせから始まります。これについてはその人の住居を待ち合わせ場所にするのが一般的です。したがって、しかし、ときには、利用者、ガイドヘルパーともによく知っている場所で待ち合わせる場合もあります。なお、待ち合わせ場所で顔を合わせた利用者に対して、ガイドヘルパーは以下の項目を確認しなければなりません（**表2-3**）。

**◐ 表2-3　確認項目**

| ── 健康チェック ── | ── 外出の準備状況 ── |
|---|---|
| ・顔の表情<br>・体温<br>・発汗<br>・全体の状態 | ・介護用具<br>・補装具 |

注）「障害者手帳」も持参したほうがよいでしょう。

次に、外出に耐えられる状態かどうかを本人に確認します。待ち合わせ場所が住居である場合は、利用者の家族にも確認をします。

利用者が一人暮らしの場合は火の元や戸締まりをチェックして安全確認をしましょう。

### 2）利用者個々の必要性に応じたサービス

　利用者によって、外出の目的も行き先も違っています。したがって、それに応じて次のような介護や介助が必要になります。

・視覚障害者への外出支援サービス提供時の付帯的サービスとして考えられる
　内容
　　①食事の際のメニューの代読、配膳の説明など
　　②トイレへの移動介助など
　　③買い物等の際の商品の材質等の説明・値段表の代読など

・全身性障害者への外出支援サービス提供時の付帯的サービスとして考えられ
　る内容
　　①車いすの座位姿勢の修正など
　　②トイレへの移乗介助、排尿・排せつの介助など
　　③状況の変化に対応した更衣介助など

# 第3章

# 同行援護の制度と同行援護従業者の業務

## Ⅰ 同行援護の制度

### §1 ● 同行援護とは

#### Ⓐ 同行援護サービスの創設

**1）障害者自立支援法の改正**

改正された障害者自立支援法第5条第4項に基づき、自立支援給付における介護給付でのサービスの1つとして、重度の視覚障害者を対象に、同行援護が創設されました（2011〈平成23〉年10月1日から適用）。

同行援護とは、視覚障害により移動に著しい困難を有する障害者等の外出時に、当該障害者等に同行し、移動に必要な情報を提供するとともに、移動の援護、排せつ、食事等の介護、その他必要な援助をする、というものです。そこには代読、代筆なども含まれます。

前出のとおり、障害児自立支援法は改正され、2013年に「障害者の日常生活及び社会生活を総合的に支援するための法律」（略称「障害児総合支援法」）が施行されました。同行援護は障害者総合支援法第5条第4項に規定されています。

**2）障害者基本法の改正と障害者自立支援法の関係**

障害者の自立、社会参加の支援等のための施策に関して基本的理念を定めているのが、障害者基本法です。その基本的理念の下、障害福祉サービスについて規定したのが、障害者自立支援法（現障害者総合支援法）です。

　障害者自立支援法（現障害者総合支援法）の上位概念に相当する障害者基本法が2011年7月に改正され、同年8月5日に公布・施行されました。これにより、障害者基本法の目的は次のように改正されました。

> 　全ての国民が、障害の有無にかかわらず、等しく基本的人権を享有するかけがえのない個人として尊重されるものであるとの理念にのっとり、全ての国民が、障害の有無によって分け隔てられることなく、相互に人格と個性を尊重し合いながら共生する社会を実現する。

　その目的を、次のようなことを通して実現していきます。
・すべて障害者は、あらゆる分野の活動に参加する機会が確保されること。
・すべて障害者は、どこで誰と生活するかについての選択の機会が確保され、地域社会において他の人々と共生することを妨げられないこと。
・すべて障害者は、言語（手話を含む）、その他の意思疎通のための手段についての選択の機会が確保されるとともに、情報の取得・利用のための手段についての選択の機会の拡大が図られること。
　また、障害者の自立、社会参加の支援等のための基本的施策として、障害者が医療、介護の給付等を身近な場所で受けられるよう必要な施策が講じられます。円滑に情報を取得・利用し、意思を表示し、他人との意思疎通を図ることができるようにするために、障害者の意思疎通を仲介する者の養成・派遣等の必要な施策も講じられます。
　改正された障害者基本法の施行は2011（平成23）年8月5日であり、障害者自立支援法の改正（2010〈平成22〉年12月）の後になります。これは、新しい障害者基本法の理念を先取りし、障害者自立支援法が改正されたという側面もあります。たとえば、同行援護の創設なども、新しい障害者基本法の理念の先取りの1つと見ることができます。

### 3）従来の移動支援との関係
　同行援護の対象は、基本的には重度の視力障害者です（「4）同行援護の対

象」参照）。障害者自立支援法に基づいて市町村が実施する地域生活支援事業のなかに移動支援がありますが、視力障害があって同行援護の対象となる者は、同行援護としてのサービスを利用します。同行援護の対象とならない障害者が、従来の移動支援を利用することになります。

　地域生活支援事業としての移動支援は、市町村の必須事業ではありますが、それぞれの市町村独自のルールに基づいて実施されています。一方、新設された同行援護は、自立支援給付での介護給付の１つと位置づけられ、その対象やサービス、報酬などについては全国同一のルールの下で実施されます。

### ４）同行援護の対象

　同行援護の対象となる者の基準は次のとおりです。

　同行援護アセスメント票（**表3-1**）での調査項目において、視力障害、視野障害、夜盲のいずれかの点数が１点以上で、かつ移動障害の点数が１点以上であること。

### ５）同行援護サービス費

　同行援護サービス費は、所要時間が30分未満から３時間以上まで30分単位で定められています。また、ここでいう１単位とは10円を基準とし、地域によっては若干の割り増しとなります（１単位≒10円）。

【同行援護サービス費】

・所要時間30分未満の場合　190単位

・所要時間30分以上１時間未満の場合　300単位

・所要時間１時間以上１時間30分未満の場合　433単位

・所要時間１時間30分以上２時間未満の場合　498単位

・所要時間２時間以上２時間30分未満の場合　563単位

・所要時間２時間30分以上３時間未満の場合　628単位

・所要時間３時間以上の場合　693単位に30分を増すごとに＋65単位

（2023年４月時点）

　以上に対して、夜間早朝・深夜加算、特定事業所加算、特別地域加算、緊急時対応加算、初回加算、利用者負担上限額管理加算などが算定できる場合があ

◉ 表3-1　同行援護アセスメント票

| No. | 調査項目 | | 0点 | 1点 | | 2点 | | 特記事項 | 備考 |
|---|---|---|---|---|---|---|---|---|---|
| 1 | 視力障害 | 視力 | 1　普通（日常生活に支障がない） | 2　約1m離れた視力確認表の図は見ることができるが、目の前に置いた場合は見ることができない | 3　目の前に置いた視力確認表の図は見ることができるが、遠ざかると見ることができない | 4　ほとんど見えない | 5　見えているのか判断不能である | | 矯正視力による測定とすること |
| 2 | 視野障害 | 視野 | 1　視野障害がない<br>2　視野障害の1点又は2点の事項に該当しない | 3　周辺視野角度（I／4視標による。以下同じ）の総和が左右眼それぞれ80度以下であり、かつ両眼中心視野角度（I／2視標による。以下同じ）が56度以下である<br>4　両眼開放視認点数が70点以下であり、かつ両眼中心視野視認点数が40点以下である | | 5　周辺視野角度の総和が左右眼それぞれ80度以下のものであり、かつ両眼中心視野角度が28度以下である<br>6　両眼開放視認点数が70点以下であり、かつ両眼中心視野角度が20度以下である | | 視野障害の1点又は2点の事項に該当せず、視野に障害がある場合に評価する | |
| 3 | 夜盲 | 網膜色素変性症等による夜盲等 | 1　網膜色素変性症等による夜盲等がない<br>2　夜盲の1点の事項に該当しない | 3　暗い場所や夜間等の移動の際、慣れた場所以外では歩行できない程度の視野、視力等の能力の低下がある | | － | | 視力障害又は視野障害の1点又は2点の事項に該当せず、夜盲等の症状により移動に著しく困難をきたしたものである場合に評価する。必要に応じて医師意見書を添付する | 人的支援なしに視覚情報により単独歩行が可能な場合に「歩行できる」と判断する |
| 4 | 移動障害 | 視覚障害者安全つえ（又は盲導犬）の使用による単独歩行 | 1　慣れていない場所であっても歩行ができる | 2　慣れた場所での歩行のみできる | | 3　慣れた場所であっても歩行ができない | | 夜盲による移動障害の場合は、夜間や照明が不十分な場所等を想定したものとする | 人的支援なしに視覚情報により単独歩行が可能な場合に「歩行できる」と判断する |

注1：「夜盲等」の「等」については、網膜色素変性症、錐体ジストロフィー、白子症等による「過度の羞明」等をいう。
注2：「歩行」については、「車いす操作」等の移動手段を含む。

出典：厚生労働省資料および『同行援護従事者養成研修テキスト』（第4版、中央法規出版）を基に作成

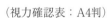

（視力確認表：A4判）

ります。

　なお、ここでいう「所要時間」とは、実際に要した時間ではなく、同行援護計画に位置づけられた内容の同行援護等を行うのに要する標準的な時間を意味します。

### 6）同行援護事業所の開設と指定基準

　同行援護のサービスを行うために同行援護事業所を開設するには、指定基準を満たしたうえで都道府県に届出をして、知事の指定を受ける必要があります。

　実際には、すでに障害者総合支援法あるいは介護保険法に基づくサービスを行っている事業所からの届出が多いと考えられますが、まったく新規に同行援護サービスだけを始める事業所（同行援護サービス単独型事業所）のほか、訪問系サービス併設型事業所、介護保険法サービス併設型事業所なども想定されています。

　同行援護事業所として指定を受けるには、人員基準（「7）人員基準」参照）、設備基準、運営基準を満たす必要があります。

### 7）人員基準

#### ａ．要件

　同行援護事業所の人員基準は、大きく分けて「職員の配置数」、「資格」の2つの要件があります。

#### ｂ．職員の配置数の要件

　職員の配置数の要件は、管理者が1人以上、サービス提供責任者が1人以上（事業規模に応じて）、従業者が2.5人以上（常勤換算）となっています。

#### ｃ．資格要件

　管理者の資格要件は、とくにありません。

　サービス提供責任者の資格要件は、下記のいずれかに該当する者です。

イ　以下の（1）及び（2）の要件を満たすもの

（1）介護福祉士、実務者研修修了者、介護職員基礎研修修了者、居宅介護従業者養成研修1級課程修了者等、又は居宅介護職員初任者研修を修了した者であって3年以上介護等の業務に従事した者等

（2）同行援護従業者養成研修応用課程を修了した者（**表3－2**）

ロ 国立障害者リハビリテーションセンター学院の視覚障害学科の教科を修了した者等

従業者の資格要件は、下記のいずれかに該当する者です。

イ 同行援護従業者養成研修一般課程を修了した者（盲ろう者向け・通訳介助員については、令和5（2023）年度末までの間は、同研修を修了したものとみなす。）（**表3－2**）

ロ 居宅介護従業者の要件を満たす者であって、視覚障害者等の福祉に関する事業に1年以上従事した経験を有するもの

ハ 国立障害者リハビリテーションセンター学院の視覚障害学科の教科を修了した者等

## 8）その他の関連法について

### ・障害者虐待防止法（障害者虐待の防止、障害者の養護者に対する支援等に関する法律）

「障害者に対する虐待が障害者の尊厳を害するものであり、障害者の自立及び社会参加にとって障害者に対する虐待を防止することが極めて重要であること等に鑑み、障害者に対する虐待の禁止、国等の責務、障害者虐待を受けた障害者に対する保護及び自立の支援のための措置、養護者に対する支援のための措置等を定めることにより、障害者虐待の防止、養護者に対する支援等に関する施策を促進し、もって障害者の権利利益の擁護に資することを目的」として、平成23（2011）年6月17日に成立（同年6月24日公布、平成24年10月1日施行）しました。この法律の「障害者」とは、障害者基本法に定める障害者と同じです。障害者虐待の類型は、以下の5つがあります。

①身体的虐待：障害者の身体に外傷が生じ、若しくは生じるおそれのある暴行を加え、又は正当な理由なく障害者の身体を拘束すること。

②性的虐待：障害者にわいせつな行為をすること又は障害者をしてわいせつな行為をさせること。

③心理的虐待：障害者に対する著しい暴言又は著しく拒絶的な対応その他の障

**❷ 表3-2　同行援護従業者養成研修課程カリキュラム**

一般課程（20時間）

| 区　分 | 科　目 | 時間数 | 備　考 |
|---|---|---|---|
| 講　義 | 視覚障害者（児）福祉サービス | 1 | 視覚障害者（児）福祉の制度とサービスの種類、内容、役割を理解する。 |
| | 同行援護の制度と従業者の業務 | 2 | 同行援護の制度と従業者の業務を理解する。 |
| | 障害・疾病の理解① | 2 | 業務において直面する頻度の高い障害・疾病を医学的、実践的視点で理解するとともに、援助の基本的な方向性を把握する。 |
| | 障害者（児）の心理① | 1 | 視覚障害者（児）の心理に対する理解を深め、心理的援助のあり方について把握する。 |
| | 情報支援と情報提供 | 2 | 移動中に必要な情報支援、情報提供の基礎を習得する。 |
| | 代筆・代読の基礎知識 | 2 | 情報支援としての代筆・代読の方法を習得する。 |
| | 同行援護の基礎知識 | 2 | 同行援護の目的と機能を理解し、基本原則を把握する。 |
| 演　習 | 基本技能 | 4 | 基本的な移動支援の技術を習得する。 |
| | 応用技能 | 4 | 応用的な移動支援の技術を習得する。 |
| 合　　計 | | 20 | |

応用課程（12時間）

| 区　分 | 科　目 | 時間数 | 備　考 |
|---|---|---|---|
| 講　義 | 障害・疾病の理解② | 1 | 業務において直面する障害・疾病を医学的、実践的視点でより深く理解する。 |
| | 障害者（児）の心理② | 1 | 視覚障害者（児）の心理に対する理解を深め、適切な対応ができるよう習得する。 |
| 演　習 | 場面別基本技能 | 3 | 日常的な外出先での技術を習得する。 |
| | 場面別応用技能 | 3 | 目的に応じた外出先での技術を習得する。 |
| | 交通機関の利用 | 4 | 交通機関での移動支援技術を習得する。 |
| 合　　計 | | 12 | |

資料：厚生労働省社会・援護局

　害者に著しい心理的外傷を与える言動を行うこと。

④放棄・放置：障害者を衰弱させるような著しい減食又は長時間の放置、養護者以外の同居人による①から③までに掲げる行為と同様の行為の放置等養護を著しく怠ること。

⑤経済的虐待：障害者の財産を不当に処分することその他当該障害者から不当に財産上の利益を得ること。

　この法律は支援にあたる人を含め、すべての人に対して障害者の虐待を禁止

しています。また、虐待を受けていると思われる障害者を発見した場合には、速やかに市町村へ通知することが求められます。

### ・障害者差別解消法（障害を理由とする差別の解消の推進に関する法律）

　2013（平成25）年6月、「障害を理由とする差別の解消の推進に関する法律」（「障害者差別解消法」）が制定され、2016（平成28）年4月1日から施行されました。この法律は障害を理由とする差別の解消を推進することを目的としています。行政機関や会社、飲食店などの事業者が障害を理由として対応や入店を拒否することを禁止し、できうる限りの対応に努めることを求めるものです（「合理的配慮」の提供）。障害があることにより不当な差別を受けたり、合理的配慮を提供してもらえなかった場合などには、最寄りの市町村の障害福祉窓口などに相談しましょう。

# 第4章

# 障害・疾病の理解について

## Ⅰ　視覚障害とはどんな障害でしょうか?

### §1● 視覚障害とは視機能が低下・消失した状態

　視覚障害とは、視機能に変調が起こり、治療が及ばずに永続的に低下・消失している状態のことです。

　視機能には、

①視力………空間において物の形をはっきりと認識する機能

②視野………目の前の一点を凝視しているときに周辺にある事物を見たり感じたりできる範囲

③光覚………光の程度を感じ、その強弱を識別する機能

④色覚………色を感じ識別する機能

⑤両眼視……両眼でものを1つに見る機能で、立体感や奥行きを感じ取る機能

などがあります。なかでも①視力と②視野は、視覚障害を考えるうえで重要な視機能になります。

　視機能が低下・消失している状態とは、たとえば「視覚がぼやける」「ものが二重に見える」「歩行中、つまずきやすい」「暗い場所では周囲の状況がわかりにくい」「明るい場所ではまぶしさを強く感じる」などで、日常生活や社会生活において情報収集の困難と活動の制限をもたらします。

　具体的には、児童の場合は学習課程や屋内外で遊んだり、運動したりすることへの影響、成人の場合は職業の選択や家事労働等への制限として、現れてき

ます。

## §2 ● 「盲」と「弱視」の視覚障害

視覚障害は、一般に、視力の程度によって「盲」と「弱視」の２つに分けられます。

### Ⓐ 「盲」の世界、人

「盲」とは、明るさや暗さといった感覚も含めて、視覚的情報をまったく得られない人、またはほとんど得られない状態をいいます。測定視力は一般に0.02未満。文字の読み書きには点字を用い、単独で移動する場合には白杖(注)、もしくは盲導犬を使います。

盲の人に起こりやすい症状の特徴としては、

①視覚によって理解しなければならない内容や触れることのできない事柄の理解が難しくなる

②視覚的に認識することが困難なため、さまざまな学習場面においてハンディを負うことになる

③歩行や運動が制限されるため、発達上の制限や体力低下を強いられる

④環境認知力の制限が経験不足を助長してしまう

といった点などがあげられます。

そのため、盲の人たちは、主として、触覚や聴覚、嗅覚など、視覚以外の感覚を手がかりとして生活を営んでいます。実物に触れられないようなときには、模型やレプリカなどの代用品を用いたり、景色や色のように、触ることができない場合については、言葉によるイメージづくりが大きな助けとなって物事の理解を広げていきます。

---

（注）白杖：障害者総合支援法における補装具の種目である盲人安全つえの呼称。視覚障害者が歩行時に、路面の状況を知るために使う直径２cm程度、長さ１〜1.4m程度の白い杖。材質は、木や竹といった自然素材から、軽量化を目的としたグラスファイバー、カーボンファイバー、グラファイトといった非鉄金属製のものまで幅広い。

## Ⓑ「弱視」の世界、人

　「弱視」とは、自分のもつ視力によって自立した日常生活を送ることは可能ですが、見ることによって受け取る感覚・情報がきわめて少ない状態で、眼鏡などで矯正したあとに測定した視力が0.3未満をいいます。

　最近では、一般的に弱視のことを「ロービジョン」とよぶことが多くなっています。これは、「視覚に何らかの障害をもち、生活に支障をきたす状態（盲は含まない）」を表した言葉です。

　弱視の人の場合、点字の必要性は低く、一般の人と同じように、墨字（普通の印刷文字のことです）を読むことができますが、視覚補助具や拡大文字などを用いて、視力を補う場合が多くあります。

　弱視の人は、外出や移動の際に白杖を利用しない人も多く、一見したところでは、弱視の障害があるかどうか見分けがつきにくいことがあります。一方、強度の弱視の人のなかには、将来視力を失うことなどを考えて、点字を使用している場合があります。障害の程度や状況はさまざまであるため、盲と弱視とが必ずしも明確に区別されるわけではありません。

### １）弱視の人の見えにくい４つの症状

　弱視の人の見え方は、人によって異なります。それは、眼の機能のどの部分に障害があるのか、ということによって個人差があるからです。弱視の人の特徴的な症状についてみていきます。

### ａ．ものがぼやけて見える（ぼやけ）

　近視や遠視、乱視のような屈折異常があると、事物の境界線がはっきりせず、細部を見分けるのが困難です。これを「ぼやけ」といい、弱視の人は屈折矯正をしても明瞭にはなりません。そのため、通常は弱視眼鏡、拡大読書器などを利用し、事物を拡大して見やすくする方法が用いられます。

### ｂ．まぶしさを感じる（羞明）、暗い場所では見えない（暗順応の困難）

　弱視者は一般に明るさを好みますが、強い光に敏感でまぶしさを訴える人もいます。それは白内障、角膜混濁、硝子体混濁などが起こる人です。また、なかには一色覚や眼白子症（網膜の脱色素）のために明るいところで見えにくくなる昼盲の人もいます。このようなタイプの人は、その人に合った光量を調節

することが必要となります。具体的な対応としてはサングラスや遮光レンズの使用などが効果的です。

　また、ふだんはある程度の視力が保たれていても、照明が不足したり、暗いところでは急に見えなくなる人（暗順応の困難）に対しては、明るい場所から暗い場所への移動の際にはとくに注意が必要となります。

### ｃ．視野が中心部だけになる（求心性視野狭窄）

　網膜色素変性症は網膜が変性し、視野狭窄が少しずつ進んで視力が失われる遺伝性の病気です。

　網膜色素変性症の人は、視野の中心部（30度以内）だけが見える求心性視野狭窄になることがよくあります。求心性視野狭窄では、視野の中心部だけで事物・対象を認識しなければならないため、身近なことでは読書の際の行替え、屋外においては電車の時刻表やさまざまな表示、階段の上り下りやエスカレーターの乗り降りなど周囲から状況を認識しなければならない場合、さらには目標の場所を探すことなどが非常に困難になります。

　また、たとえば読書の文字を拡大してみても、見える範囲は変わらないため文字全体は見えません。効率的に読書をするためには、一度に６文字程度は視野に入っている必要があるといわれています。そのため、求心性視野狭窄の障害がある人は、その人に合った文字の大きさを設定することが大切になってきます。

　網膜色素変性症の人は夜盲である場合も多く、夜間の歩行は危険をともないます。また、視野が狭いため、外出時において目の前を横切る人、あるいは自動車などを見分けることも非常に困難になります。

### ｄ．視野の中心部が見えない（中心暗点）

　一般に、ものを見るときには視野の中心部において見ます。しかし、網膜の中心部にある黄斑部に異常が起きて視野機能が低下すると、事物の細部まで見分けるのが困難になります。これは中心部だけが見える求心性視野狭窄と逆の状態です。視神経萎縮、黄斑変性症などの障害によって起こります。

　このような障害に対しては、拡大読書器などを利用することで、見えにくい箇所の影響を比較的少なくして文字や事物を認識することができます。

　視野の周辺部分が重要となる歩行などの場合には、その中心視野異常の影響はそれほど受けません。

　しかし、行動面への影響としては、次の6点があげられます。

①歩行が不安定になる

②広い視野を必要とする遊びや作業がやりづらくなる

③離れた場所にある目的物に近づきにくくなる

④事物を見るときに顔をしかめたり困難な様子を見せる

⑤光に対して極端に敏感になったり極端に鈍感になる

⑥読み物に目を極端に接近させる

## ❻　盲や弱視による情報収集のハンディキャップ

　人は、情報収集の約80％を視覚に頼っています。このため、視覚障害は情報収集においてとても大きな不利益となり、日常生活にさまざまな障害をもたらします。

　身近な例では、歩行中の危険の回避や印刷物などの文字の判読、テレビなどの映像の可視、光の少ない暗い場所での不安などといった場合の困難や不利益などがあげられます。

　とくに盲の人は、光が眼に入ってこないため、視覚による情報はほぼないといえます。このため、聴覚、触覚、嗅覚などから、情報収集を行います。

　たとえば、聴覚において、左右両耳から入ってくる音を探り、周囲の状況や方向などの判断をします。

　触覚では、事物の形や手触りを得ますが、読書の手段の1つである点字はこの触覚の鋭敏さを用いたものです。

　また、嗅覚からは、身のまわりにどんなものがあるのか、周囲の状況を理解する大切な手がかりを感じとることができます。

　このようなことから、一般に、「視覚障害者は勘がいい」といわれることが多いのですが、もちろんこれは勘を頼りにした行動ではなく、必要に応じて視覚以外の感覚を最大限に活用しているのであり、また、日常生活行動の修練の積み重ねによるものなのです。

　弱視の人では、障害の度合いによって差異があるものの、視覚から主な情報を得て毎日の生活を送っている人もいます。

　したがって、視覚障害者の援助活動にたずさわる人は、障害の程度に応じてそれぞれに個人差があること、同時に情報収集の度合いにも大きな差が生じてしまうことについて常に留意しておきましょう。

## §3 ● 視覚障害者のさまざまな二次的障害

　視覚障害者の日常生活では、さまざまな二次的障害が引き起こされることがしばしばあります。

　とくに、先天性視覚障害者の場合には、成長していく過程で多くの困難が立ちはだかります。社会的偏見によって、視覚障害だけが自分の特徴として見られているというおそれや焦り、被害妄想が過剰に膨張してしまうことなどがあります。また、成長するにつれて、晴眼者（健常な視覚機能をもつ人）が親から自立していくように、先天性視覚障害者もしだいに自立への欲求を強めていきます。しかし、家族をはじめとする周囲との関係性において過保護や行き違いが生じ、精神的な成長に悪影響を及ぼすこともあります。

　視覚障害者は周辺の安全確認が困難なために、毎日の生活の中で積極的に運動する機会が少なくなってしまうことも深刻な問題です。運動する機会の減少が運動機能の低下を助長させることになり、それがまた心身に複雑な影響を及ぼすからです。

　このほか、視覚から得る情報がまったくない、あるいは非常に少ないために、共通の理解や広域の情報が不足し、他者とコミュニケーションをとる際にも大きな隔たりや不利を感じてしまうという苦痛や困難ももち上がってきます。

　このようなさまざまな二次的障害に対しては、視覚障害者の自立を促す教育過程とその環境づくりに取り組むことによって、多くの問題点を見直し、改善・調整していく必要があるでしょう。

# Ⅱ　視覚障害には基準（区分）が設けられています

　視覚障害は、症状による医学的区分だけでなく法律等によってさまざまな基準（区分）が設けられています。

　全盲から弱視までのいろいろな視力のレベル<sup>(注)</sup>があり、視野の障害の程度によってもさまざまな状態があります。

## §1 ● 視力障害の範囲と等級

### Ⓐ 盲と弱視の視力の一般的な理解

　視力は、一般的には小数で表され、0.02未満の場合を盲、0.02以上0.04未満を準盲、0.04以上0.3未満を弱視という区分がなされていました。盲の中には、光をまったく感じない全盲、明暗の弁別がわかる光覚弁、目の前の手の動きがわかる眼前手動弁、眼の前の指の数が数えられる指数弁が含まれます。

　しかし、最近では弱視レンズや拡大読書器の発達と普及によって普通の文字の判読が可能となり、点字を常用する必要性は0.02の視力の場合でも薄れてきました。そのため、盲と弱視の定義としては次のような理解が一般的になっています。

●盲　：視力の程度が点字を常用とし、視覚以外の聴力や触覚などを活用して日常の身のまわりの生活が可能な状態。

●弱視：眼鏡などで矯正できないものをいい、視力の程度が0.3未満で、普通の文字を常用とし、視覚を用いた日常生活が可能な状態。

## §2 ● 身体障害者福祉法における視覚障害の範囲

　身体障害者福祉法では、視覚障害の範囲と障害等級について、**表4-2**のように定めています（同法施行規則別表第5号）。

（注）ここでの視力レベルとは眼鏡やコンタクトなどで矯正できないものや矯正後の視力をいいます。

　身体障害者福祉法は、身体障害者が自立していくため、あるいは社会に参画していくことを促進するために定められたものです。また、この法律では盲と弱視とを区別していません。

　従来は視力がよい場合には、視野障害についての扱いは軽く、障害の認定はありませんでしたが、現在では、視力と視野の障害を併せて視覚障害の認定が行われるようになりました（**表4-1**、**4-2**）。

※障害程度の認定について

　障害の認定方法は、2022年４月１日より「両眼の視力の和」から「良い方の眼の視力」による認定基準に変更されました。その内容は以下のとおりです。

①視覚障害は視力障害と視野障害とに区分して認定します。

②視力障害と視野障害の両方が障害程度等級表にあげる障害に該当する場合は、重複障害認定の原則に基づき認定します。

③視野障害には、求心性視野狭窄、輪状暗点、中心暗点、不規則性視野狭窄など多様な症状があります。認定基準においては、症状別の限定した認定から測定数値による障害等級の認定へと変更されました。この変更によって多様な症状に対応した障害認定が可能

**⊃ 表4-1**　旧：視覚障害の障害等級（1949年／身体障害者福祉法別表）

| 級別 | 視　覚　障　害 |
|---|---|
| 1級 | 両眼の視力（万国式試視力表によって測ったものをいい、屈折異常のある者については、きょう正視力について測ったものをいう。以下同じ）の和が0.01以下のもの |
| 2級 | 両眼の視力の和が0.02以上0.04以下のもの |
| 3級 | 両眼の視力の和が0.05以上0.08以下のもの |
| 4級 | 1　両眼の視力の和が0.09以上0.12以下のもの<br>2　両眼の視野がそれぞれ５度以内のもの |
| 5級 | 1　両眼の視力の和が0.13以上0.2以下のもの<br>2　両眼の視野がそれぞれ10度以内のもの<br>3　両眼による視野の2分の1以上が欠けているもの |
| 6級 | 一眼の視力が0.02以下、他眼の視力が0.6以下のもので、両眼の視力の和が0.2をこえるもの |

※旧等級で認定された障害者も多数いるため、ここでは併記します。

**◆ 表4-2**　視覚障害の障害等級（2018年／身体障害者福祉法施行規則別表第5号）

| 級別 | 視　覚　障　害 |
|---|---|
| 1級 | 視力の良い方の眼の視力（万国式試視力表によって測ったものをいい、屈折異常のある者については、矯正視力について測ったものをいう。以下同じ。）が0.01以下のもの |
| 2級 | 1　視力の良い方の眼の視力が0.02以上0.03以下のもの<br>2　視力の良い方の眼の視力が0.04かつ他方の眼の視力が手動弁以下のもの<br>3　周辺視野角度（Ⅰ／4視標による。以下同じ。）の総和が左右眼それぞれ80度以下かつ両眼中心視野角度（Ⅰ／2視標による。以下同じ。）が28度以下のもの<br>4　両眼開放視認点数が70点以下かつ両眼中心視野視認点数が20点以下のもの |
| 3級 | 1　視力の良い方の眼の視力が0.04以上0.07以下のもの<br>　　（2級の2に該当するものを除く。）<br>2　視力の良い方の眼の視力が0.08かつ他方の眼の視力が手動弁以下のもの<br>3　周辺視野角度の総和が左右眼それぞれ80度以下かつ両眼中心視野角度が56度以下のもの<br>4　両眼開放視認点数が70点以下かつ両眼中心視野視認点数が40点以下のもの |
| 4級 | 1　視力の良い方の眼の視力が0.08以上0.1以下のもの（3級の2に該当するものを除く。）<br>2　周辺視野角度の総和が左右眼それぞれ80度以下のもの<br>3　両眼開放視認点数が70点以下のもの |
| 5級 | 1　視力の良い方の眼の視力が0.2かつ他方の眼の視力が0.02以下のもの<br>2　両眼による視野の2分の1以上が欠けているもの<br>3　両眼中心視野角度が56度以下のもの<br>4　両眼開放視認点数が70点を超えかつ100点以下のもの<br>5　両眼中心視野視認点数が40点以下のもの |
| 6級 | 視力の良い方の眼の視力が0.3以上0.6以下かつ他方の眼の視力が0.02以下のもの |

資料：厚生労働省

となり、より総合的に評価できるようになりました。

## §3 ● 視野障害の範囲と基準

　視野とは、視野計を用いて見える範囲を片眼ずつ測定した値のことで、その範囲に異常をきたしている状態を視野障害といいます。視野障害には、視野の中心部が見えなくなる中心暗点、トンネルの形になって周辺から視野が狭くなる求心性視野狭窄、両眼の視野の半分が見えなくなる半盲などがあります（P.46〜47、59参照）。

### Ⓐ 視野障害の障害等級について

視野障害の等級判定は、ゴールドマン型視野計または自動視野計のどちらか一方を用い、等級判定表（**表4-3**）に従って行われます。ただし、両者の測定結果を混在させて判定することはできません。

　健常の場合の視野を**図4-1**に表します。

❷ **表4-3**　視野障害の等級判定表

| | ゴールドマン型視野計 | | 自動視野計 | |
|---|---|---|---|---|
| | I/4視標 | I/2視標 | 両眼開放エスターマン<br>テスト視認点数 | 10-2プログラム<br>両眼中心視野視認点数 |
| 2級 | 周辺視野角度<br>の総和が<br>左右眼それぞれ<br>80度以下 | 両眼中心視野角度<br>28度以下 | 70点以下 | 20点以下 |
| 3級 | | 両眼中心視野角度<br>56度以下 | | 40点以下 |
| 4級 | | | | |
| 5級 | 両眼による視野が<br>2分の1以上欠損 | | 100点以下 | |
| | | 両眼中心視野角度<br>56度以下 | | 40点以下 |

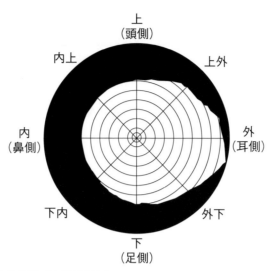

**上**
（頭側）

内上

上外

**内**
（鼻側）

**外**
（耳側）

下内

外下

**下**
（足側）

◯ **図4-1**　健常の場合の視野（右目の場合）

資料：厚生省（現・厚生労働省）社会・援護局

## §4 ● 学校教育法施行令に定める視覚障害の基準

　教育の分野では、学校教育法施行令第22条の３に視覚障害の基準（区分）を示し、2002（平成14）年の文部科学省「障害のある児童生徒の就学について」において、学校教育法施行令の具体的な運用の仕方を示しています。

　この法令では、全盲あるいは弱視の児童生徒のために、適切な指導・教育手段についての配慮がなされています。また盲（強度の弱視者も含む）の児童生徒に対しては、各市町村の教育委員会が障害の程度と照らし合わせて、専門医の精密な診断を仰ぎながら総合的に判断し、小学校または中学校において適切な教育を受けることのできる特別の事情があると認められる者を除いて、特別支援学校において教育することとされています（**表4-4**）。

◯ **表4-4**　学校教育における視覚障害の基準（学校教育法施行令第22条の3）

| 区分 | 心身の故障の程度 |
|---|---|
| 盲者 | 両眼の視力がおおむね0.3未満のもの又は視力以外の視機能障害が高度のもののうち、拡大鏡等の使用によっても通常の文字、図形等の視覚による認識が不可能又は著しく困難な程度のもの |
| 備考　視力の測定は、万国式試視力表によるものとし、屈折異常があるものについては、矯正視力によって測定する。 | |

## Ⅲ　障害といろいろな疾病の理解

### §1 ● 視覚障害を引き起こす主な眼疾患

#### Ⓐ 糖尿病網膜症

　糖尿病を放置し続けると、全身の血管に負担がかかり、さまざまな合併症を引き起こします。糖尿病網膜症もその1つで、網膜の細小血管が侵されて閉塞し、異常な増殖組織が網膜内および網膜外（硝子体内）に広がり、やがて網膜剥離になってしまう病気です。この病気には進行によってさまざまな異常が現れます。最初に現れてくるのが単純糖尿病網膜症で、糖尿病状態が長期間続くことによって血管が詰まり、その周辺部に血液が供給されない領域（無灌流野）が生じる血管の障害です。次に現れるのが増殖前網膜症で、これは単純網膜症による出血や漏れた血液のたんぱく質、脂肪が固まって網膜に沈着する白斑が増加してくることです。最後に現れるのが増殖糖尿病網膜症で、増殖前網膜症が進行して新生血管が現れてきます。このように徐々に異常が現れて、視力の低下が進み、最悪の場合は失明に至ってしまいます。また糖尿病網膜症では、網膜上に白斑や出血斑が現れ、見えにくくなります。

#### Ⓑ 白内障

　水晶体（眼内に存在する透明な組織）の濁りによる視力低下が主な原因であって、先天性のものと加齢にともなって起こる加齢性のものがあります。また、白内障には3つの症状があります。

　1つめは皮質白内障といって周りから濁ってくるものです。そのため、あまり自覚症状は現れません。この症状が一番多いといわれています。

　2つめは後のう下白内障といって、水晶体を包んでいる膜の後面（後のう）が濁ってくるため初期の段階から「かすみ」や「まぶしさ」を感じます。

　3つめは核白内障といって、水晶体の核が固まって濁ってきますが、濁り方がひどい割には自覚症状がないものです。また水晶体が濁るため、すりガラス

を通して見ているかのようにかすんだり、光が広がってまぶしく感じられたりすることが多いようです。さらに、暗いところでは見えにくくなったり、二重、三重に見えたりすることもあります。

　日常生活に支障をきたすことになってきた場合の治療法としては、濁った水晶体を除去して人工眼内レンズを移植し、視力の回復を図る方法があります。また同行援護の際には、「まぶしさ」に対して注意することが必要です。利用者の眼に直接光が入らないよう気を付けることや、急に明るい場所に移動したときには、利用者が落ち着くのを待つといった対応を心がけましょう。

## Ⓒ 緑内障

　眼圧調節機能が障害を起こすと、眼球内圧が上昇（眼球が固くなる）し、そのために視神経が圧迫され、その状態のまま長時間経過してしまうと視神経が損傷し、視野が狭くなったり、視力が低下したりします。最悪の場合には失明に至るおそれがあります。

　緑内障には2つの状態があります。1つは原発開放隅角緑内障です。一般にこの型が多く、初期には症状はほとんどありませんが、進行してくると、目の疲れ、かすみなどの症状が現れます。隅角（角膜と虹彩とではさまれた部分）は広く開いており、正常にもかかわらず眼圧が上昇します。症状はほとんど両眼において現れます。眼圧がゆっくりと上昇することによって次第に視神経が損傷されていき、徐々に視力が低下していきます。

　もう1つは原発閉塞隅角緑内障といって、隅角が非常に狭くなっている型で、高齢者に多く見られます。通常は片方の眼の眼圧が急激に上がります。これは突発的に症状が発生するため、急に激しい眼の痛みや頭痛、悪心・嘔吐などが生じたり、視力が急激に低下します。

　緑内障は遺伝的素因もあるといわれていますが、緑内障自体の原因は不明です。緑内障は回復する病気ではありません。進行を防ぐことが緑内障の治療であり、早期発見・早期治療が大切です。また同行援護の際には、強い衝撃を眼に与えることがないように障害物に対する注意が必要です。

## Ⓓ　視神経萎縮

　視神経には多くの毛細血管があり、正常な視神経乳頭は少し赤みをおびた黄白色をしています。しかし、視神経の一部が正常に機能しなくなると視神経組織が変化し、視神経乳頭が白っぽくなります。この症状を視神経萎縮といいます。

　主な原因は緑内障、視神経の外傷、炎症、変性、脱髄、虚血、圧迫、遺伝的素因があげられます。また、この視神経萎縮により視野の一部が曇ってしまったり、欠損したりします。この視神経萎縮はいったん病気が進行すると、視神経がもとの状態にもどることはなく、視野や視力の回復は非常に困難になります。代表的なものとしてレーベル遺伝性視神経症（レーベル病）という遺伝子異常の病気が有名です。

## Ⓔ　網膜色素変性症

　網膜色素変性症は網膜に異常をきたす先天性、進行性の遺伝性疾患です。この病気ははじめに視細胞という細胞に障害が現れます。

　この視細胞には杆体と錐体という２種類の細胞があります。杆体は、主に網膜の中心から少し外れた部分から周辺部にまであり、暗い場所での視力と視野の広さに関係しています。錐体は、網膜の中心にあり、明るい場所での視力や色覚に関係しています。

　網膜色素変性症では、主に杆体が侵されることが多く、まず夜盲（夜、または暗がりで目がよく見えない）を訴えます。そして、輪状暗点、求心性視野狭窄をきたし、病気の進行とともに視力が低下していきます。さらに網膜血管が狭く細くなり、視神経乳頭の黄色萎縮がみられるようになっていき、失明に至ることがあります。

## Ⓕ　黄斑変性症

　網膜の中心部分には黄斑部という部分があり、事物を見るときにもっとも重要な働きをします。わたしたちは、この黄斑部の働きのおかげで、よい視力を維持したり、色を識別することができるのです。黄斑変性症には、遺伝的要因

にともなって障害をきたすものもありますが、大部分は加齢にともなって黄斑部にさまざまな障害をきたす加齢黄斑変性症であるといわれています。

　症状としては徐々に視力が低下し、色覚が侵されていきます。初期の段階では自分が見ている事物の中心部分が暗く見えたり、はっきり見えなくなくなったりすること（中心暗点）があります。症状が悪化すると事物がゆがんで見えたりします。夜盲はなく、見たい事物が思うように見えない状態が継続しますが、完全に失明に至ることはごくまれです。

　黄斑変性症では、ものがゆがんで見える、左右の眼で見えるものが違う、新聞や書籍などの細かい文字が見えないなど、日常生活上に支障をきたします。

　また、この障害は主に高齢者に現れやすい眼疾患であるため、同行援護の際には眼疾患とともに高齢者自身の身体能力、健康状態にも注意しておいたほうがよいでしょう。

　この病気の発症は、食生活の欧米化が要因になっているといわれています。つまり、視細胞は毎日の食事から摂取する栄養素によって、その機能を維持できるということなのです。ですから、毎日、栄養バランスのよい食生活と健康状態に留意することで発症、進行を遅らせることが可能になります。また、喫煙、高血圧、直射日光の浴びすぎなども発症の要因とされています。

　発症後の具体的な対応としては、症状の悪化によるふらつきや閉じこもりによる生活不活発病（廃用症候群ともいう。筋力低下、とくに脚力の低下）などに注意が必要です。

## Ⓖ　網膜剥離

　網膜は非常に複雑な構造をしている感光膜です。網膜は、網膜の内側にある神経網膜とよばれる感覚網膜と網膜の一番外側にある網膜色素上皮に分けることができます。網膜剥離は網膜色素上皮と残りの神経網膜との間に水分がたまって、この神経網膜が網膜色素上皮からはがれてしまう病気です。

　原因としては網膜の裂孔形成や外傷、あるいは眼内の炎症、そして加齢によるものがあります。網膜剥離にともなって起こる症状は、黒い点や薄い雲、あるいは虫のようなものが視野の中に見える飛蚊症と、光が当たっていないのに

チカチカ感じる光視症が最初の症状です。進行すると視野が欠損したり、視力障害を感じます。また、剥離が黄斑部まで及ぶと視力が急激に低下します。

## Ⓗ　半盲

　視野の半分が見えなくなってしまう状態です。原因は脳内出血や脳梗塞、脳腫瘍などによって視交叉や視覚中枢などが障害を受けることです。また、半盲は同名半盲と異名半盲に分類されます。同名半盲とは左右両目の同じ側の視野がなくなることをいい、異名半盲は左右の異なった側の視野がなくなることをいいます。

## Ⓘ　角膜混濁

　角膜は本来透明なものですが、さまざまな原因で混濁することがあります。このことを角膜混濁といいます。濁り方には、部分的に濁るもの、広範囲にわたって濁ってしまうものがあります。濁り方の淡いものから順に、角膜片雲、角膜斑、角膜白斑といいます。以下の３点が主要な原因としてあげられます。

　①先天性のもの：文字どおり生まれたときから生じている角膜混濁です。原因は、発育異常による奇形、胎児期に起こしてしまった角膜炎、出生時の鉗子分娩によるものなどさまざまなものがあります。

　②遺伝性のもの：出生のときには異常はないのですが、幼児期から青年期の間にかけて次第に症状が現れてきて、発病します。この角膜混濁は角膜ジストロフィーとよばれます。

　③栄養不足によるもの：とくにビタミンAの不足が原因で起こります。麻疹や肺炎などで全身が非常に衰弱してしまったり、栄養が著しく不足してしまったりした場合に発病します。この角膜混濁は角膜軟化症とよばれます。

## Ⓙ　強度近視

　眼の屈折調整能力の低下によって強い近視（一般に－6.00D〈ジオプター<sup>(注)</sup>〉以上）がある場合、強度近視とよばれます。しばしば黄斑部に限局した網膜剥

離や黄斑部出血によって重度の視力障害をきたすので、病的近視ともいわれます。症状としては視力障害と視野の中心部が見えにくくなります。進行性で難治性ですが、特殊な治療（手術も含む）で症状を軽減できることがあります。

（注）ジオプター：光学レンズの屈折度を表す単位。焦点距離が1mのレンズ（平行光線を当てて1m先で像を結ぶレンズのパワー）を1Dと定めます。焦点距離が50cm（1/2m）ならば2D、25cm（1/4m）ならば4Dというように、焦点距離の逆数で表します。

# 視覚障害者の心理と
# その支援

## Ⅰ 先天的な障害と後天的な障害

　視覚から得る情報は、人間が外界から得る情報の約80%といわれています。その主な役割は空間の情報収集であるため、視覚障害は「空間に関する情報障害」といわれています。視覚障害は、障害の程度によって「盲」と「弱視」に分けられることは4章でふれたとおりですが、障害を受けた時期によっても、先天的な障害と後天的な障害とに分けられます。

　出生時から4〜5歳くらいまでに失明した場合は、視覚的経験やイメージを生かすことが難しく、先天盲（先天性視覚障害）といわれます（本書では、以下、先天性視覚障害者とよびます）。

　また、ある年齢の途中から視覚障害を受けることになった場合は、後天盲（後天性視覚障害）、または中途視覚障害といわれます（本書では、以下、中途視覚障害者とよびます）。

　先天性視覚障害者と中途視覚障害者とでは、障害の認知と受容という点で、心理的過程に大きな違いがあります。先天性視覚障害者は成長するにしたがって少しずつ障害について認知し、受け入れていきます。一方、中途視覚障害者の場合は、それまで見えていたものが見えなくなる、という現実を受け入れ新たな人生の第一歩を踏み出すために、強い決意と長い時間を要します。

　一般的にいって、先天性障害者の乳幼児期では、障害児をもったことに起因する親や家族の衝撃や悲観などが大きく、本人よりも周囲の適切な援助や対応・接し方が深刻な課題となってきます。中途視覚障害者の場合には、当然、

障害を受けた本人の衝撃・混乱が大きく、障害に対する認知や受容などの過程が重要となってきます。

　先天性視覚障害者、中途視覚障害者、いずれの場合も、成人期に入るとともに独立への欲求・自立への意思が強まりますが、活動の制限や交友関係、教育・就職等の社会関係などでストレスが高まります。社会の無為・無理解や偏見などによる社会的障壁を体験するのが多くなるのもこの時期です。

## §1 ● 先天性視覚障害者の心理（成長過程とその支援）

　先天性視覚障害者は、本人の成長とともに行動範囲が広がること、そして行動範囲の広がりのなかでかかわりをもった人たちの対応によって、さまざまな心理的な影響を受けることが考えられます。

　他者への身体的依存を余儀なくされる障害児の場合、一般的にいって、乳幼児期前期では、治療のための入院や訓練などの繰り返しによって、親との分離体験が生じ、「親との愛着行動」が阻害され、乳幼児としての学習・経験の機会が妨げられることが少なくありません。また、乳幼児期後期では、3歳位から強くなる独立欲求が阻害され、いら立ちや恐怖心などが生じたり、反対に、依存心が強くなったりすることがあります。

　児童期に入ると学校が多様な情報資源の場になりますが、自己の内的世界の形成期（自我の芽生え）が始まり、障害に対する自意識が生まれてきます。また、児童期以後、年齢が高まるにつれて、障害による疾病や事故、災害などによる外傷が生じることもあります。思春期では、友人や異性間との関係や社会への反発等の問題が加わり、将来の進路決定もふくめて心理的に不安定な時期を迎えます。家族や周囲の人が必要以上にナーバスになり、過度な援助をすると、本人の精神的成長が遅れ、自立への意識や意欲も薄れてしまうこともあります。

　先天性視覚障害者の成長過程における課題の特性としては、具体的事物と言葉との対応が困難なことがあげられます。この場合は具体物や模型・標本などを用いて、言葉と事象との関係や、形のイメージをつくっていきます。空間と

事物の理解や日常生活のいろいろな行動や運動などについては、言葉を通した感覚や点字指導のほか、触覚や嗅覚や聴覚など視覚以外の感覚が大切な役割を果たします。空間の広がりの理解の原点は自分の身体ですから、それを基軸に据えて、左右・前後・上下の位置関係と座標軸をつくっていきます。

## §2 ● 中途視覚障害者の心理（受容過程とその支援）

　中途視覚障害者の障害受容の過程は、障害を受けた時期や状態だけでなく、性格や気質といったパーソナリティによる個人差がありますが、障害を受け入れるまでの心理的過程は４つの段階に分類されるといわれています。①障害の認知（拒否・葛藤などを経て）、②回復の断念、③適応的な行動、④価値観の変化、となります。これらの段階において一進一退を繰り返しながら、受容・克服へと向かいます。

　中途視覚障害者の障害の認知は容易ではありません。とくに、視界を失った直後や回復の断念をしはじめる時期の衝撃は、身体的受傷を上回るものがあります。絶望の大きさから、自己の価値観や社会的地位、人間関係等の諸々に喪失感を抱く人、うつ状態や自閉、恐怖、感情のまひから自殺に至ってしまう人、他人への依存が強くなり、周囲の環境情報の獲得や適応を拒絶し、社会から退行してしまう人などさまざまです。

　しかし、失明後の心理的喪失感の克服は不可能なことではありません。触覚・嗅覚・聴覚などをはじめとする残存する感覚を活かすための訓練や、点字学習など社会適応訓練を受けることにより、コミュニケーションや移動といった日常生活動作（ADL）を拡大していくことができるのです。中途視覚障害者の場合は、それまでの成長過程で視覚的概念や行動様式を修得していることが多いので、それらを触覚・嗅覚・聴覚などに置き換えて再構築していくことが課題となります。

　こうした失明にともなう支援を効果的に行うためには、障害があっても意義ある人生を送ることができること、機能を喪失している状態にあっても価値ある人間として尊重され、充実した社会参加や活動ができることを知ってもらう

ことが重要です。また、その人がどんな心理状態にある場合でも批判的対応は
せず、共感的姿勢で障害者の心理を理解し、希望を失わないように配慮するこ
と、さらに障害者が自分で身辺の問題を解決できるように整理し、便宜を図る
ことなどが大切なことです。

　視覚障害者が就く主な職業としては、マッサージ・あんま・指圧師や、はり・
きゅう師などの理療師、コンピュータ・プログラマーなどがあり、それに応じ
た職業訓練も行われています。

## §3 ● 障害者の家族の心理

　誰しも家族が障害を受けることを予測できませんし、また、障害者の受容と
自立について知識を持っているわけではありません。自分の家族の障害に直面
したとき、見通しのつかない混乱のなかで、悲しみのあまり、家族までが本人
と同じように希望を失い、否定的態度をとってしまうことがあります。そうな
ると、本人の障害の受容を妨げるばかりか、自立心の育成が阻害されてしまう
ことにもなります。

　ですから、家族がどのような過程を経て、障害をいかに受容するかは、障害
者本人の障害受容や自立の在り方に大きな影響を与える事がらです。

　なお、先天性障害者の家族の場合は、子どもの成長にともなう心理変化に対
応させて、家族の心理も変化するという特性があります。

　本来的には、ふだんと同じように本人と接することで安心と信頼が生まれ、
家族間の強いきずながやがて自立支援に役立つことになりますが、人間の心の
動きは理屈どおりに展開するわけではありません。家族のショックも本人のシ
ョックも変わらず大きいものだからです。

　家族をサポートすることは、対人援助職の大切な役割の1つです。また、障
害者の支援のための情報収集においても家族とのかかわりは必要です。対人援
助職は家族がいまどんな心理状態に置かれているかをいち早く観察・理解する
必要があります。そのうえで家族とともにどんな協力の仕方が否定的事態を回
避できるのか、自立に向けた態勢として有効であるかを考え、適切な機関やチ

ームとの連携をとっていかなければなりません。

# 視覚障害者とのコミュニケーション

　視覚障害者の生活とさまざまな場面・状況でかかわる同行援護従業者の職務において、プライバシーに関する守秘義務は援助活動の基本です。必要以上にプライバシーを知りたがったり、障害者本人から受けた相談内容を第三者にもらすことは許されません。

　また、中途視覚障害者を励まそうと、他の人の例を引き合いに出すことは避けましょう。一口に視覚障害といっても、障害の状態や進行状況、生活環境などによって、個人差があるため、障害者一人ひとりに合った克服法や介助法を行っていく必要があるからです。

　援助の際、視覚障害者に対しては常に声かけをするようにします。名前を名乗ることはもちろん、小さな行動の1つひとつの際にも状況説明を行うなどの気配りが大切です。これから起こること、行うことをきちんと声に出して伝えましょう。

　声をかける前に身体に触れると、相手を驚かせてしまうので注意が必要です。「鈴木さん、こんにちは。山田です」というように声をかけると、視覚障害者を驚かせることなく、声をかけている対象が誰なのかを知らせることができます。

　また、方向や位置の説明をするときに、「あれ」、「これ」、「あちら」、「こちら」といった指示語を使って伝えることは避けましょう。障害の程度にもよりますが、視覚からの情報を得ることが困難な人の同行援護を行っているときに、「これ」や「あれ」という指示語を使って説明しても、同行援護従業者がどんな方向を指示しているのか理解することが困難なため、意味のないことをいっているのに等しい状況となります。

　方向や場所について説明するときは、必ず「前」、「後ろ」、「右」、「左」などを使います。このとき、視覚障害者と同行援護従業者が向かい合っている場合

は、視覚障害者にとっての「右」、「左」と同行援護従業者からの「右」、「左」が逆になっているので、注意が必要です。同行援護従業者は、必ず、視覚障害者にとっての「前」、「後ろ」、「右」、「左」で方向や位置を説明します。

このほかに、さらに詳しく物の方向や位置を示す方法には「クロックポジション」を利用する場合があります。これは、物の方向や位置を時計の文字盤に見立てて説明する方法です（具体的な方法は、**151〜154ページ参照**）。

視覚障害者の同行援護を行う際には、「横断歩道です。今は信号が赤ですから、止まって待ちましょう」、「上り階段です。上ります」、「手前に引いて開くドアです」、「9時の方向に砂糖とミルクがあります」、「右手にパン屋があります」といったさまざまな説明を行う必要がありますが、同行援護従業者が見ているものを端から細かく説明しすぎると、視覚障害者に伝わりにくくなります。同行援護従業者は、行き当たりばったりに見たことすべてを伝えるのではなく、必要なポイントからゆっくりと視覚障害者に伝え、理解してもらったかどうか確認することが必要です。

具体的には、「安全」にかかわる情報は最優先とし、

①段差や道幅、横断歩道の有無といった環境的な情報

②混雑、車の往来といった状況的な情報

を提供します。

また、声かけの際の声の加減（大きさ・速度・調子）にも注意しましょう。駅前や百貨店などの人混みで声の大きさが目立ち過ぎると、必要以上に周囲の関心が集まって利用者の心理に「はずかしさ」が生じてしまうことがあります。そうなると、利用者の自立への道に微妙な影響を与えてしまうことになりかねません。同行援護従業者は常に周囲の状況を見定めてできるだけ自然な行動がとれるように留意しましょう。

# 第 6 章

# 情報支援と情報提供

## I 情報支援と情報提供の基本

### §1 ● 言葉による情報提供の基本

　外出時の視覚障害者は同行援護従業者の言葉で周辺状況を理解し、行動における自己選択・自己決定を行います。したがって、同行援護従業者の情報提供には、視覚障害者の自己選択・自己決定を支援する量と質が求められます。つまり、同行援護時の情報支援を行う同行援護従業者の情報提供は、適切な情報量を的確な言葉を用いて提供しなければなりません。

　言葉による情報提供の基本原則として、以下の留意点があげられます。

①視覚障害者の立場で、共感的な視点で状況を把握し、同行する視覚障害者に必要と思われる情報（言葉）を客観的に伝える。

②同行援護従業者は、視覚障害者の眼になる立場であることを認識したうえで周囲の状況等を適宜説明する(状況に応じて声の大きさにも配慮する)。

③同行援護における情報提供の実践は安全が第一条件である。同行援護従業者が提供する情報量は、多すぎても少なすぎても視覚障害者の判断を妨げ、危険な状況を引き起こす可能性がある。したがって、同行援護中の視覚障害者の安全を保障するには適切な情報提供量と的確な言葉を瞬時に判断する力が必要である。

④視覚障害者のメンタルマップ（自分の頭のなかに思い描いた地図）作りも重要な援護目標である。視覚障害者のメンタルマップ作りを支援するに

は、視覚障害者の位置の明確化が重要である。

⑤同行援護は、安全に目的地に到着することのみが業務ではない。外出を楽しんでいただく支援も重要である。視覚障害者の「聴覚」や「嗅覚」にアプローチする言葉で、場所や雰囲気、季節などの情報を提供し快適な同行援護支援を実現する必要がある。

　同行援護従業者は、これらの基本的な留意点を意識して「安全」で「快適」な同行援護を行います。そのためには適切な言葉を用いて、適切な情報提供行動をとる力量が必要となります。同行援護支援の実践は、"視覚障害者の足元への配慮"、"視覚障害者の表情と気持ちへの配慮"、"同行経路および時間の管理・確認"、"車・人等の周辺環境への配慮"、"メンタルマップ作りへの配慮"、"外出を楽しむことへの配慮"などを同時に行う必要があります。つまり、同行援護業務とは常に複数のアンテナを立て、緊張感をもって行動しなければならないという特徴をもつ仕事なのです。

　また、同行援護従業者の役割は、視覚障害者の眼となることを通して、適切なパートナーになることです。視覚障害者に「この人にならガイドを任せてよい」と思われる同行援護をするには、情報提供の基礎をふまえ短時間で視覚障害者との間に信頼関係を構築する必要があります。とくに初対面時の言語コミュニケーションが重要です。具体的には、第一印象を良好にする情報提供が必要と考えます。ここで理解してほしいことは、視覚障害者は、同行援護従業者の「話し方」、「言葉」、「物腰・姿勢」で、性格や人間性を的確に判断する力を有しているということです。ゆえに同行援護従業者は、上記の事実をふまえ、自分自身の声や話し方が、他者にどのような印象を与えるかを認識しておく必要があるでしょう。自分の声や話し方がどのように聞こえるかなどをレコーダーで確認するとともに、信頼される話し方や言葉づかいを各支援場面別にトレーニングすることも必要です。

## §2 ● 同行援護における口頭による情報支援

　次に、同行援護中の口頭による情報支援の具体的な方法および留意点につい

てみていきます。

### Ⓐ　道路を歩行する場合

　路面には、小さなでこぼこや水たまり、落ち葉、グレーチング（溝の蓋）などがあります。これらは転倒の原因になるため、気づいた時点で状況の概要を伝え、路面の状況が変わる直前に一度歩行を停止して、「○○があり危険なので、ゆっくり歩いていいですか」、「路面が○○の状態で危険なので、私の後ろに重なる形で歩いていただいてよろしいですか」、「滑ると危ないですから私の腕をしっかりつかんで歩いていただけますか」、「グレーチング（溝の蓋）があります。白杖が引っかからないように少し持ち上げて歩いていただいてよろしいですか」などの情報を提供します。

　また、工事中や交通量の多い場所の同行援護では、危険な側に視覚障害者を立たせないのが原則です。したがって、途中で立ち位置（同行援護従業者と視覚障害者の立つ位置）を変更したほうが安全だと思われる場合は、「危険なので立ち位置を交替してよろしいですか」、または「○○があるため私の後ろに立って歩いていただいてよろしいですか」、「時間は少しかかりますが道を変更しましょうか」などと説明し、視覚障害者に判断を求めます。なお、この疑問形の投げかけは、視覚障害者自身に決定権があることを認識してもらうとともに、支援方法に対して合意を得るためのものです。つまり、疑問形の情報提供には、視覚障害者が決定権を持つ主体者であることを確認する意図があります。

### Ⓑ　歩道を歩行する場合

　歩道と車道の間の小さな段差や歩道に駐輪している自転車の情報、歩道に陳列している商品や看板、街路樹の存在なども安全の担保とメンタルマップ作成に必要な情報です。また、歩行者の混雑状況や歩道の広さ、視覚障害者誘導ブロックの有無、自転車の接近状況なども情報支援における重要な伝達事項です。

　メンタルマップを意識した場合は、交差点の名前や目標となる建物や店の名前、自動販売機の場所、音声信号の有無などが目的地までの経路ポイント情報となります。なお、商店街に点字や音声で説明しているものがあれば視覚障害

者の手を誘導するなどして直接確認してもらうとよいでしょう。また、聴覚・嗅覚・触覚情報を周辺状況の説明に用いることも有効です。「揚げ物の匂いがしますね。隣の肉屋さんで揚げているコロッケの匂いのようです」、「自動販売機の音が確認できますか？　この自動販売機の先約３メートルに横断歩道があります」、「触っていただいていいですか？　街路樹の枝がここまでのびていますから、お一人で歩かれる場合は気をつけてください」などと同行援護従業者の視覚情報と視覚障害者の聴覚・嗅覚・触覚情報を統合させることによって、効果的な情報支援を行うことができます。

### Ⓒ　バス・電車を利用する場合

　時刻の確認、車両内の混雑状況を説明するとともに安全に利用する方法として、手すりの位置、ドアと座席の距離、降車通知ボタンの場所（バス）などの情報を提供します。降車駅までの時間なども知らせる必要はありますが、多くの人が接近する環境のなかで大きな声で話すことは避けます。また、降車時はひとつ前の駅で降車駅が次であることを告げるなどの配慮も必要です。ただし、身体状況が影響して歩行に時間がかかる人や心配性の人の場合は、２駅～３駅前に降車駅の情報を提供することが望ましいでしょう。この心の準備の有無は安全な降車行動につながります。

　なお、はじめての場所に行くときは到着までの時間が長く感じられるものです。したがって、同行援護従業者は事前に路線や時間を調べ、視覚障害者が安心して乗り物に乗っていられる環境整備を目指した情報支援を行います。

### Ⓓ　その他、同行援護の情報提供の留意点

　同行援護業務には、安全な移動を保障することと自立を重視する２つの目的があります。同行援護従業者はこの２つの業務目的を意識して業務を遂行しなければなりません。そして、視覚障害者の願いや思いを理解したうえで適切な量の情報を適切な方法で提供する義務もあります。業務遂行上の留意点としては、場所や場面、状況に応じて声の大きさを調整することなどもあります。また、草木・天候などの季節の情報や町の雰囲気、流行しているファッションな

どの情報支援も重要と考えられます。

　一人で遠くに行けない視覚障害者にとって、同行援護従業者との時間が大切な思い出となる可能性もあります。同行援護従業者は、これらを理解したうえで視覚障害者が快適な移動時間を過ごせる情報支援・情報提供を心がけなければなりません。

## Ⅱ　さまざまな場面での情報提供

### §1　状況別の情報提供

#### Ⓐ　交通機関を利用する際に提供する情報の種類

　駅やバス停の電光掲示板の内容（乗り場、行き先、発車時刻、車両数、遅延理由や他社線情報等）、ホームの混雑情報、車内情報（混雑状況、座席場所等）、窓から見える風景などの情報提供を行います。

#### Ⓑ　飛行機を利用する際に提供する情報の種類

　飛行場待合室の電光掲示板の内容（乗り場、行き先、離陸時間等）、手続き締切り時間、出発保安検査場通過締切り時間、到着時間などの情報提供を行います。空港までの同行の場合は、空港職員との引き継ぎに関する情報も提供する必要があります。保安検査場通過後の席への案内や到着時の荷物の受け取りは空港職員が行ってくれることも事前に伝えておきます。また、空港内における同行援護従業者の支援範囲は、当事者（視覚障害者）を含めた３者で話し合います。なお、航空会社によってサポート手続きが異なる場合があるため、カウンターでチェックインする際に打ち合わせすることが望ましいでしょう。

#### Ⓒ　デパートやスーパーマーケットを利用する際に提供する情報の種類

　購入したい物があるフロアの情報、お買い得品や特売品の情報、店内の案内板やポスターに書いてある内容の情報などを提供します。商品の色、サイズ、デザイン、値段などの情報については、他の客の耳に届かない程度のボリュー

ムで説明することが望ましいでしょう。また、専門知識が必要な場合は、静か
で安全な場所を探し、そこで店員から説明を受けるという方法で必要な情報を
提供してもよいでしょう。

### Ⓓ レストランなどを利用する際に提供する情報の種類

　店内の雰囲気、座席の情報（カウンター席、4人掛け、掘りコタツ式の座敷
等）、メニュー情報（一般メニュー、ランチメニュー、値段等）、配膳情報など
を説明しなければなりません。とくに注文時や配膳説明などを行う際は、周囲
の人の存在を意識し、配慮ある情報提供を行わなければなりません。

### Ⓔ 会議や集会に参加した際に提供する情報の種類

　会場の広さ、席の向きやタイプなど室内の様子、入室時に着席している人や
人数の情報、入室してきた人の情報、参加者の雰囲気や特徴、関係者や知り合
いの有無と座席の配置、視覚障害者の周辺に座っている人々の情報などを伝え
ます。また、会議が進行するなかでは、発言者（名前、立場、役職等）の情報
や配布書類の文章および図表等を説明します。

### Ⓕ スポーツ観戦に行った際に提供する情報の種類

　来場者の人数や性別および年齢層、観客の応援状況、試合の実況中継的な説
明を行います。なお、同行援護従業者が観戦に夢中になるとタイムリーな試合
説明ができなくなるので、同行援護従業者としての役割を意識し、的確な情報
をタイムリーに提供していきましょう。

### Ⓖ 映画鑑賞や観劇に行った際に提供する情報の種類

　一般的な映画や芝居にはテレビのような副音声が準備されていない場合が多
いため、同行援護従業者が場面や画面の状況を説明することになります。場面
や画面に登場する人々の表情や背景（ストーリーにおける環境等）を、セリフ
とセリフのタイミングをはかりながら説明していきますが、このタイミングが
なかなか難しいものです。同行援護従業者は、他の客のじゃまにならないよ

う、声の大きさに配慮しながら説明します。なお、的確な情報支援を行うには同行援護従業者が事前に見ておくことが望ましいのですが、はじめて鑑賞する作品の場合は、情報提供のタイミングを逸することが考えられます。したがって、そのような場合は、他の観客から離れた位置に座るなどの配慮も必要となります。

### Ⓗ 社会見学、観光、工場見学などに参加した際に提供する情報の種類

　これらには案内人がつくのが一般的なので、同行援護従業者は案内人の声が聞こえる位置に視覚障害者を誘導します。視覚障害者が聞き逃した場合は、補足しなければならないため、同行援護従業者もしっかり説明を聞いておきましょう。また、パンフレットに補足説明が記入されている場合もあるので、静かな場所でパンフレットを読むなどの支援を行うとよいでしょう。

　どのような場面でも、視覚障害者がどのような情報を欲しているか必ず確認しましょう。視覚障害者の気持ちに共感する力を養うとともに、適切な情報支援ができるよう言語コミュニケーション能力を向上させることが重要です。なお、同行援護中に通過するドアのタイプ情報や休憩・待機におけるいすのタイプの情報を提供することも忘れてはなりません。

　また、新型コロナウイルス感染症の感染拡大時には、さまざまな施設において、手指の消毒や検温が求められました。このような場合、消毒液の設置場所や体温の測定器の位置などを説明することも大切です。

　なお、以下のホームページにおいて、支援にあたる人の留意点などが示されました。関連機関による最新の情報を確認し、社会の変化に対応していくことが求められます。

・厚生労働省

　「障害福祉サービス等事業所における新型コロナウイルス感染症への対応等について」

　(https://www.mhlw.go.jp/stf/seisakunitsuite/bunya/0000121431_00097.html)

・社会福祉法人日本視覚障害者団体連合、同行援護事業所等連絡会

「新型コロナウイルス感染予防における同行援護ガイドライン」

（http://nichimou.org/assistance-guide-helper/qa/）

# 第7章

# 代筆・代読の基本知識

## I 代筆

### §1 代筆の基本知識

　視覚障害者本人の代わりに書くことが同行援護業務の代筆ですが、この代筆業務は視覚障害者の依頼を受けて実施するのが基本です。見ることに支障があるのだから同行援護従業者が書くのが当たり前と考え、勝手に代筆してはいけません。実際には名前や文字数の少ない単語なら自分で書ける人が多いのです。したがって、同行援護従業者は、代筆が必要かどうか本人に確認したうえで、代筆しなければなりません。

　印鑑に替わるサインが必要な場合は、視覚障害者の自筆サインが求められます。この場合、同行援護従業者は紙の位置や文字の位置などの指示を適宜行わなければなりません。なお、パスポートの申請書など公的文書の自筆署名欄にサインする場合は、サインガイド（サインをする際に、記入する枠を設定できる支援機。記入欄からはみ出さず、文字を書くことができる）を使用すると枠内に書くことができます。

　サインガイドの使用における同行援護従業者の役割は、サインガイドを署名欄枠に設置し、視覚障害者の手をサインガイドに促すと同時にサインガイドが動かないようサポートすることです。サインガイドは厚紙を使って作ることができます。自筆署名トレーニングを必要とする視覚障害者には、サインガイドの手作りを助言してもよいでしょう。

　また、代筆業務では、視覚障害者に代わって書いたという事実と同行援護従業者の責任を示すために、文章の最後に「(代筆)」という文字を入れます。

　読み手が正確に内容を理解できる文章・文字を書くことが代筆の基本です。この基本をふまえて代筆をすることが重要であり、字が下手・汚いなどは代筆を断る理由にはならないことも覚えておきましょう。また、書き終わった内容を視覚障害者に確認してもらうために読み上げることも忘れてはなりません。

## Ⓐ 代筆の留意点

　楷書で丁寧に書くことが代筆の重要な留意点です。また、視覚障害者の代理であることを自覚し、誤字、脱字がない正確な文章を書くように心がけなければなりません。

　代筆する前には代筆する書類を確認する必要があります。その方法としては、音読して視覚障害者とともに確認することが望ましいでしょう。音読する前に書類を黙読したい場合は、視覚障害者に対し「資料に目を通したいのでしばらくお待ちくださいますか」と声をかけます。

　資料の記載事項および代筆内容を声に出しながら記述すれば、視覚障害者に代筆の進捗状況が伝えられます。また、間違いなく代筆しているか否かを視覚障害者に伝達する効果もあります。こうすることで視覚障害者に安心感を提供することができます。ただし、代筆内容が視覚障害者のプライバシーに関わることであったり、代筆する場所に多くの人がいたりする場合は、声の大きさに留意する必要があります。

　また、視覚障害者の「住所」、「氏名」などを代筆する場合は、身体障害者手帳や名刺などを視覚障害者に借りて、見ながら代筆します。これらの必要な情報を記載したものが手元にない場合は、視覚障害者本人に聞きながら代筆することになりますが、この際も声の大きさに留意するなど、本人のプライバシーや周囲への配慮を忘れてはなりません。

## §2 ● 場面別代筆のポイント

同行援護従業者は、同行援護業務の持ち物として、ボールペン、シャープペン、筆ペン、マジックペン、電子辞書またはスマートフォンなどを常に鞄に入れておく必要があります。眼鏡がないと読み書きが困難な同行援護従業者は、眼鏡を忘れないよう心がけましょう。

また、代筆した書類のコピーの必要性、保管方法、投函の必要性などを本人に確認し、要望に応じた支援を行います。

### Ⓐ 公的機関での各種書類の代筆ポイント

窓口には視覚障害者と一緒に訪れます。書類の受け取りや提出は、視覚障害者自身が行うことが原則であるため、窓口業務担当者と視覚障害者の仲介役を同行援護従業者が担うことになります。同行援護従業者が代筆する場合は、身体障害者手帳を見る、または本人から教えてもらう方法で代筆し、書類を完成させます。公的機関の書類は個人情報の記載項目が必須であるため、周囲に個人情報が漏れないよう小声で確認しながら代筆することが大切です。

公的機関の書類には「代理人」というチェック項目がありますが、同行援護従業者は代筆者であり、窓口に来たのは本人であることを認識しておかなければなりません。代理人とは、本人からの委任状を持ち、本人に代わって窓口に来ている人を指すことを理解しておきましょう。

代筆が終わったら、記入漏れがないかどうかしっかり確認します。捺印が必要な場合は、視覚障害者から印鑑を借りて捺印します。印鑑を受け取る際には、何カ所の捺印が必要かを事前に説明することが望まれます。

担当窓口への受け渡しは、視覚障害者自身で行うのが原則です。担当者が書類を見やすい向きになるよう配慮して書類を視覚障害者に手渡します。視覚障害者が窓口の担当者の正面に立つようにします。窓口担当職員の質疑は直接本人に行うものであるため、同行援護従業者は2～3歩後ろに下がり、必要に応じて視覚障害者のそばに行ける距離に位置して、視覚障害者と窓口業務担当者のやりとりをさりげなく聞き、見守ります。用事が終われば声をかけてもらう

などの約束をし、本人からの声かけを受けた後に窓口に近づくよう心がけます。

### Ⓑ 金融機関での代筆ポイント

　金融機関では、金融機関の職員が視覚障害者の代筆を行うのが基本です。同行援護従業者は、金融機関の窓口まで案内するなど、金融機関内の移動介助を行うのが一般的ですが、視覚障害者が同行援護従業者に代筆を依頼した場合は、その意思に従いましょう。

　なお、代筆を行う際は、何枚も書き直しすることがないよう、誤字・脱字に留意しなければなりません。書き間違えてしまった場合は、その旨を視覚障害者に告げて書き直します。お金に関わることは誤解を生じやすいので、同行援護従業者が金融機関の諸手続きを代行する際は、金融機関の職員がそばにいる場所で行うようにします。

　また、通帳や印鑑は手続き（代筆）が終わり次第、速やかに視覚障害者に返却します。視覚障害者が通帳および印鑑をどこに入れたか確認することも大切です。後日、視覚障害者がしまった場所を忘れたときには、探す場所をさりげなくアドバイスすることに役立ちます。

　さらに間違いや勘違いが信頼関係の形成や維持を困難にさせないよう、口座番号、口座名、暗証番号、金額などの知り得た個人情報は口外してはいけません。同行援護従業者が代筆時に書き間違いを告げることや、捺印箇所を伝えた後に捺印することなども間違いや勘違いを防ぎ、視覚障害者との信頼関係を損なわないための留意点です。

### Ⓒ 病院での代筆ポイント

　同行援護従業者が病院で行う代表的な代筆は、初診時の問診票です。代筆する内容は、氏名・住所・親族等の連絡先・既往症・親族の病歴・現在の症状など、非常にデリケートなものです。本人に聞きながら代筆するのが基本ですが、同行援護従業者に知られたくないこともあります。したがって、代筆を同行援護従業者が行ってよいか否かを確認することから始めなければなりません。同行

援護従業者の代筆を希望しない際は、医療機関の職員に代筆を依頼します。

　初診窓口で代筆する場合、視覚障害者の情報が周囲の人々に知られないよう、復唱する声のトーンを下げるなどの配慮を行います。また、受診理由などの記述に関しては同行援護従業者の意見を入れてはなりません。本人の訴えを忠実に表現した文言で記述します。

## Ⓓ　送り状の代筆ポイント

　同行援護従業者は、送り先および送り主（視覚障害者）の郵便番号、住所、氏名、電話番号などを記載しているメモを預かって送り状（伝票）を代筆します。送る品物名の記述については、視覚障害者に聞いて記述します。配達希望日時があれば、それも聞いて記述します。代筆終了後の支払いを含む業者とのやり取りは、視覚障害者自身が行うよう支援します。

　状況に応じては、送り状の代筆を業者スタッフに依頼してもよいでしょう。同行援護従業者は、自分が行うべき支援内容を視覚障害者に聞き、視覚障害者の希望・要望に寄り添った支援を行います。

## Ⓔ　会議での代筆ポイント

　会議では、資料をもとに内容をメモすることが同行援護従業者の役割です。主宰者に視覚障害者の障害レベルに応じた資料を準備してもらい、視覚障害者が会議前に内容を把握したうえで会議に臨めるよう準備することが理想です。場合によっては、資料の内容を同行援護従業者が事前に読み聞かせることで資料の内容を把握してもらいます。

　また、パワーポイントや動画などを使った資料説明は、視覚障害者が理解できるよう留意して要点をメモします。なお、会議のメモは、後日、他者が視覚障害者に読み聞かせる場合もあるので、誰もが読んでわかる字できちんと整理することが望ましいでしょう。

　同行援護従業者は、視覚障害者に会議の進行に合わせてメモした要点を説明します。ただし、説明する間が取れない時は終了後に説明します。

### Ⓕ 手紙・はがきの代筆ポイント

　誤字・脱字に気をつけ、丁寧に書くことが大切です。同行援護業務中に手紙やはがきの代筆が必要な場面とは、視覚障害者が面談を希望した者に会えなかった場合が考えられます。つまり不在者にメモを残すような形の手紙・はがきであり、ポストに投函する手紙・はがきとは少々異なると考えてよいでしょう。

　プライベートな内容の手紙になることが多いので、同行援護従業者は守秘義務を遵守しなければなりません。また、視覚障害者の口語に忠実な文章を代筆するとともに文末に代筆であることを示します。

### Ⓖ 冠婚葬祭時の代筆ポイント

　冠婚葬祭時の代筆には、「祝儀袋」、「香典袋」への氏名・住所・金額の記入と会場受付の記帳などがあります。記帳の代筆を行う際は、事前に視覚障害者の住所・氏名のメモを準備し、視覚障害者に聞きながら記帳することを控えます。会場に筆記用具が準備されていると思いますが、同行援護従業者としての心がまえとして筆ペンなどを持参しておくとよいでしょう。視覚障害者に代わり心をこめ、楷書で丁寧に記帳します。

## Ⅱ　代読

### §1 ● 代読の基本知識

　同行援護業務遂行中にはさまざまな場面で活字による情報に遭遇します。視覚障害者の代わりに読む代読の原則は、視覚障害者に内容が正しく伝わるように読むことです。「はっきり聞きとれる言葉」であること、「読み間違いをしない」などが大切です。同音異議語がある場合は、言葉の意味を説明したり、使われている漢字の意味を説明したりして、正しい内容を伝えます。

　ただし、すべての活字情報を視覚障害者に提供する必要はありません。まずは何の情報かという概要を伝え、一語一句間違いなく全文を読む必要がある

か、要約的に伝達すればよいかなどを視覚障害者に確認します。タイトルや項目が書かれていれば、そのタイトルや項目を読んだうえで、読む必要のある部分を視覚障害者に選択してもらいましょう。

### Ⓐ 代読の留意点

「抑揚をつけない」、「感情的な言い回しをしない」、「書いてあることを的確に読む」、「ゆっくり、はっきり読む」などが代読の留意点です。また、漢字がわからない場合、飛ばして読むのではなく、読めないことを申し出て、持参している辞書を引くようにします。

同行援護従業者が代読する場合のもうひとつの留意点は、忠実に活字を表現することです。字の大きさや色、記号（丸カッコ・カギカッコ・点・マル・？・！）、強調している字なども正確に伝えましょう。また、途中で読む速度が適切か否か、視覚障害者に確認することや周囲への配慮（声の大きさなど）も忘れてはなりません。

## §2 ● 場面別代読のポイント

### Ⓐ 郵便物の代読ポイント

郵便物がどこから届いたものかを伝え、読む必要性の有無を視覚障害者に決めてもらいます。必要なものだけ封を切り代読します。一般的には同行援護業務には含まれないものですが、同行援護前後で視覚障害者に依頼される場合があります。

公文書や金融機関からの郵便物があれば、どこから送付されたものかを伝えます。内容を読むか否かは視覚障害者の指示に従います。郵便物は個人情報やプライバシーにかかわることが記載されている場合が多いので、守秘義務を遵守し、知り得た情報は漏らさないようにしましょう。

### Ⓑ 会議や研修会の資料の代読ポイント

まずは資料の種類や量を視覚障害者に伝えます。その後、それぞれの内容を

大まかに伝えます。概要を伝えた後、視覚障害者が詳しく読んでほしいと希望するものを読みます。

　パワーポイントなどの資料や図表は、それぞれのタイトルや項目を先に伝え、資料様式の流れに沿って左から右、または上から下へと読み進めます。円グラフ・棒グラフなどは、数値の大きいものから読んでいくのが一般的ですが、グラフの傾向などを伝える方法もあります。写真や映像は、タイトルを先に説明し、視覚障害者がイメージできるよう心がけて色・形・背景などの説明を行います。

### Ⓒ　請求書・領収証・レシートの代読ポイント

　同行援護業務中に受け取った請求書・領収証は何の請求書か領収証かということと金額を伝えて、視覚障害者に渡します。また、レシートは、品名と金額、支払う時に出した金額と釣銭を代読します。請求書に支払い締切日や支払い方法が書いてある場合は、読み忘れないよう留意します。

### Ⓓ　買い物における代読ポイント

　食料品の購入において視覚障害者が代読を希望する項目は、「消費期限」、「賞味期限」、「原産地」、「添加物の有無」、「メーカー」、「価格」などです。手にとって本人が確認できるものは触ってもらうように支援しますが、食品は直接触れないものが多いので、同行援護従業者が鮮度等を確認して伝える必要があります。このように食品購入の同行援護業務では、鮮度の見分け方などの知識も必要です。つまり、同行援護従業者には、野菜・果物・魚・肉などの鮮度を見分ける力も必要なのです。

　衣類、生活用具などの購入では、「色」、「素材」、「模様」、「デザイン」、「価格」などの情報が必要になります。代読するものは、「素材」、「価格」、「メーカー」、「取り扱い方法（衣類は洗濯表示）」などになります。電化製品などは陳列している場所に書いてある広告を読みます。パンフレットがそばにあれば代読することも必要でしょう。ただし陳列棚の広告は専門用語も記載されているので、店員に詳しく説明してもらうことが望ましいでしょう。なお、電化製

品などの触ることが可能なものは、視覚障害者に触ってもらいながら陳列棚の広告（特徴・価格）を代読するとよいでしょう。

　また、店頭で配布されたチラシや広告を手がかりに買い物をする場合もあります。その際、まずは、チラシ・広告がどこの店舗のものかを伝えます。次に何のチラシ・広告かという中身の概要を伝えます。代表的な特売品の商品名と値段を伝え、視覚障害者に読んでほしい項目を尋ねます。すべて読んでほしいとの希望があればその希望に応えましょう。

# Ⅲ　点字

## §1 ● 点字を用いた支援の基本

　点字とは、視覚障害者が自分の指を使って読み書きする文字をいいます。母音の組み合わせと子音の組み合わせで構成されたもので、凸面を触って読み取ります。視覚障害者が点字を読む場合、人差し指の第一関節までを1マス（6つの点）に当てます。点字を読むために使用する手は人によって異なります。点字を読むことに慣れている人は両手で読むこともできます。ただし、点字を読むときには指先に神経を集中させなければならないため、視覚障害者によって点字は書けるが読むのは苦手という人がいます。このような事実から同行援護従業者は、視覚障害者が全員点字を読めるとは限らないことを理解しておく必要があるでしょう。

　近年は交通機関や公共施設、商業施設などに点字が多く表示されています（**図7-1、7-2、7-3**）。点字が読める視覚障害者の同行援護業務の場合は、視覚障害者の自立を促す支援として積極的に点字を活用することが期待されます。

## §2 ● 同行援護業務と点字

　交通機関に設置された点字は、視覚障害者の安全を保障するためのものです。ゆえに点字を使用する（読める）視覚障害者が自分で自分を守るには、点

字が表示されている場所を知ることが重要になります。したがって、同行援護従業者はどこに点字があるかを確認しながら行動し、点字を見つけたら視覚障害者に伝えるようにします。なお、視覚障害者がその場で確認したいと言った場合は、点字のある場所に視覚障害者の手を導きます。

　公共施設や商業施設の点字も、視覚障害者が安全に自立して行動できる環境へと整備することが目的です。多くの施設・機関が点字を表示することが多くなったものの、視覚障害者に対する配慮はまだまだ足りません。視覚障害者が1人で安全に行動でき楽しめる環境に至っていないのが現実です。

　ここに同行援護業務を行う際の点字活用方法の一つをあげてみます。たとえば、トイレ休憩などで待ち合わせする場合、待ち合わせ場所を口頭で説明した後、本人に点字で場所を確認してもらいます。そうすれば1人の時間を不安なく過ごせます。周囲の状況がわからないなか、不安な心で待つ5分は、30分・1時間にも感じられるものです。不安を軽減させて快適な外出支援を行うためにも積極的な点字活用が望まれます。

　以下に同行援護業務を行う場合に限定した点字表示の場所を示します。一般的な点字表示情報であり、建物や地域によって表示がない場所もあります。

【点字表示の場所】

①駅、空港、デパート、公共施設、病院、大学などの階段の手すり

②駅、空港、デパート、公共施設、病院、大学などのエレベーター（外・中）

③駅、空港、デパート、公共施設、病院、大学などの触知案内板・音声案内板

④駅、空港、デパート、公共施設、病院、大学などのトイレ

⑤電車の内ドア（車両のドアの内側・下から140cmくらいの場所）

⑥バスの停止通知ボタン

⑦公衆電話（電話機のボタン）

⑧券売機（電車・バス）

⑨金融機関のATM

⑩郵便ポスト（郵便物投函口、集配時間）

⑪観光案内板

⑫観劇席

❷ 図7-1　電車の運賃表の点字表示例

❷ 図7-2　案内板の点字表示例

❷ 図7-3　エレベーターボタンの
点字表示例

# Ⅳ　音訳（音声訳）

　音訳とは、活字や図表を音声で伝えることです。代読と類似していますが、情報保障の意味合いが強いことから、代読以上に記述されていることを忠実に音声化する方法を指します。

　代読は視覚障害者が必要と判断した部分を読み上げることであり、ある部分は要約して読みます。一方、音訳は会議資料の代読とも似ています。代読と音

訳の差を明確に示すことは難しいのですが、読み手の解釈が入らない音声伝達、論文や報告書などを読む場合を音訳と表現してよいでしょう。一般的な音訳とは録音図書を作成することを指すため、同行援護従業者が、代読と音訳を分けて実践する場面は少ないと考えられます。

　なお、音訳を行う場合の留意点には次のようなものがあげられます。カッコも言語で伝達しなければならないのですが、カッコには丸カッコ、カギカッコ、二重カギカッコなどがあります。ルビ（ふりがな）がついていれば、ルビとルビがつけられた語を読まなければなりません。カッコのついた部分はトーンを変えて読みます（一般的には下げる）。数字は読み方によって意味を取り違える可能性があります。「1／2」を表現する場合は、「ブンシ1、ブンボ2」または「ブンスウ、2ブンノ1」と読むと正しく伝わります。

　どのように読むかは、視覚障害者が理解しやすい方法を採用すべきでしょう。したがって音訳する場合は、どのような表現が多いか事前に文章を概観し、視覚障害者との間でルールを作ることが望ましいでしょう。または、きりのよいところで確認する時間を設け、誤解がないか確認しながら読み進める方法でもよいでしょう。

**ONE POINT**

### ➡ 便利な機能が数多く開発されています

　メニューの読み上げ機能や画面の見え方変更機能など、スマートフォンやパソコンのアプリケーションソフトによる便利な機能も数多く開発されています。東京都障害者IT地域支援センターのホームページ（https://www.tokyo-itcenter.com/）では「障害のある人に便利なアプリ一覧」でさまざまな役立つ機能を紹介していますので、参考にするとよいでしょう。

# 第8章

# 同行援護の基礎知識

## Ⅰ 視覚障害者の歩行技術

### §1 視覚障害者が単独で移動するための基本技術

　同行援護従業者による誘導歩行は、視覚障害者が安全かつ効率よく移動するための大切な移動手段です。しかし、視覚障害者はいつも同行援護従業者や家族につきそわれて、行動するわけではありません。居室からトイレへ、風呂場や食堂へ、屋外へというように、視覚障害があっても、自分一人の判断で単独行動をとることもあります。ここでは同行援護従業者として歩行介助を行う前に、視覚障害者の単独移動における基本技術を理解し、視覚障害者にとって本当に必要な介助とは何かを把握しましょう。

#### Ⓐ 「伝い歩き」は単独移動の基本

#### 1）手に触れた「もの」から位置・方向等を把握します

　「伝い歩き」は、壁や家具などの「もの」に沿って移動する方法です。視覚障害者は「伝い歩き」によって、手に触れた「もの」から自分の位置・方向・部屋の広さ・家具の位置などの情報を得ることができます。「伝い歩き」は、自分の腰の高さくらいにあげた手の指（軽く曲げた小指と薬指の背面）で、壁などに軽く触れながら進みます。曲がり角や階段などの存在を察知するために、壁などに触れている手は身体より少し前方に出します（**図8-1**）。

## 2）「伝い歩き」ができないときの「身体の方向づけ」

　視覚障害者にとって、自分が進みたい方向や身体の向きを把握する「方向づけ」は、単独で移動する際にもっとも大切です。

　基本的には「伝い歩き」の方法を用いますが、部屋の中央にあるものに向かって進むときや廊下を横断するときなどは、一時的に手が壁から離れてしまいます。そのような場合には、まず、壁などを背にして立ち、両手で後ろの壁などに触れ、自分の身体の前方への方向が壁に対して垂直方向であることを確認し、そのあと目標に向かって前進します（図8-2）。壁やドアなどの触れていたものから離れる際には斜めではなく、垂直方向に離れることが基本です。この方法によって、何にも触れていない状態でも方向を把握することができます。

● 図8-1　伝い歩き
壁に手を沿わしたままの歩行、リズミカルにノックしながらの歩行など人によってさまざまな方法をとっています。

● 図8-2　身体の方向づけ

## 3）前方に手をかざして障害物をよけます

　家具や柱は「伝い歩き」をしている視覚障害者にとって危険な障害物となりますが、一方では、部屋の状況や自分のいる場所を知る手がかり（情報源）として利用できます。

　こうした情報を効率よく安全に利用するには、次の3つの方法があります。

①身体の上部にある壁や柱との衝突を防ぐ
　方法

　ゆっくりと片腕を前方に伸ばします。軽くひじを曲げて、手のひらを胸の前方に寄せます。手のひらは顔とは反対の方向（外側）に向け、肩の高さ（あるいは顔の高さ）で構えます。このとき腕は顔や胸、反対側の肩までも保護できるようにします（**図8-3**）。

②身体の下部にある机や棚との衝突を防ぐ
　方法

　片腕を下ろします。手のひらをやや前方、斜め下に伸ばし、さらに反対側の太もの付け根の前に構えます（**図8-4**）。

③身体の上部を保護する方法と下部を保護
　する方法の併用

「伝い歩き」ができない場所で安全に移動するときには、それぞれの腕を①、②の姿勢で構え、上部と下部を同時に保護します（**図8-5**）。また、とくに顔面を防御する際には、顔の高さまであげた手のひらを外側に構

◆ **図8-3**　身体の上部にある壁や柱との衝突を防ぐ方法
このとき、ひじはあまり鋭角に曲げず、前方にある障害物に対応できるよう前方に出します。

◆ **図8-4**　身体の下部にある机や棚との衝突を防ぐ方法

える方法もあります。これらの方法によって、障害物から身体を守り、そのうえで接触したものから情報を得ることができます。

## §2 ● **歩行補助具を使った単独歩行**

　視覚障害者が単独で道路を歩く際には、白杖を携えるか、訓練を受けた盲導犬を連れて歩くように道路交通法に定められています。

　次に視覚障害者が歩行に用いるこれらの補助具や盲導犬について見ていきま

しょう。

### Ⓐ 補助具

　視覚障害者の単独歩行に用いられる補助具としては、白杖がもっとも一般的です。このほかに、電子式歩行補助具や触地図を使った単独移動もあります。

#### 1）白杖（盲人安全杖）の役割と機能について

　白杖の役割は、①障害物への衝突などの事故を防いで安全を確保する、②進行方向にある段差の察知や点字ブロックなどから自分の位置を知る情報収集、③視覚障害者であることを周囲の人に伝える、などがあります。

**➡ 図8-5**　身体の上部を保護する方法と下部を保護する方法の併用
軽くひじを曲げて肩の高さまであげます。顔の高さ（口のあたり）まであげる場合もあります。

　白杖の使い方は、握り部分の下のほうを持ち、利き手側の半歩前に構えて路面を確認しながら歩行します（自立歩行時は「握手にぎり」、介助者がいる場合で障害物の確認に白杖を使う場合は「鉛筆にぎり（**図8-6**、上)」の持ち方です。また、自立歩行時は白杖が物にはさまったりした場合に簡単に手から離れるような持ち方が望ましいです）（**図8-6**、下）。

　安全を確保するため、白杖の長さは使用する視覚障害者の体格に合ったものを選択します。一般的には、使用者の身長から45cmほど短いものがよいとされます。使用者が直立したとき、わきの下に入る程度の長さが適切です。また、腕の長さや反応速度（白杖が何らかの情報をキャッチしてから使用者が対応するまでの速度）、歩行速度、歩幅などの条件を考えて選択する必要もあります。耐久性と伝達性の面では、グラスファイバー、アルミ合金、カーボングラファイトなどの軽くて丈夫な素材が用いられ

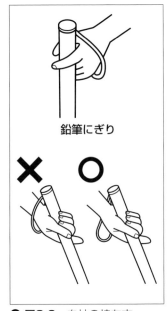

鉛筆にぎり

✕　○

**➡ 図8-6**　白杖の持ち方

ているものもあり、適度な重量としなやかさが得られるように工夫されています。

また、白杖には通常の1本の杖の直杖のほかに、折りたたみ式のものやスライド式のものもあります（**図8-7**）。

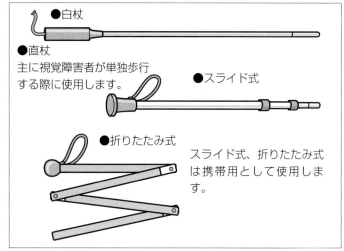

●白杖

●直杖
主に視覚障害者が単独歩行する際に使用します。

●スライド式

●折りたたみ式

スライド式、折りたたみ式は携帯用として使用します。

**→ 図8-7**　いろいろな白杖

**ONE POINT**

## → 視覚障害者が歩行訓練を受けられる機関

　わが国では、視覚障害者の歩行訓練は、社会福祉法人日本ライトハウスの視覚障害リハビリテーションセンターや国立障害者リハビリテーションセンターにおいて受けることができます。

　これらのリハビリテーション機関では、歩行訓練士によって、道路の通行や横断、交通機関の利用などの訓練が行われます。屋内の1人での移動から屋外の歩行訓練など、訓練を受けることで、視覚障害者は安全かつ確実に移動する技術を身につけることができます。

　視覚障害者の移動の際には、白杖や盲導犬、電子式歩行補助具を用いますが、視覚障害者の歩行については、道路交通法に以下のように定められています。

> 第14条　目が見えない者（目が見えない者に準ずる者を含む。以下同じ）は、道路を通行するときは、政令で定めるつえを携え、又は政令で定める盲導犬を連れていなければならない。

### 2）電子式歩行補助具

　電子式歩行補助具は、レーザー光線や超音波を利用し、白杖が届かない遠くにある障害物までの距離や方向を音や振動によって伝える歩行補助具です。眼鏡の形をした障害感知装置のソニックガイド（超音波眼鏡）やソノスペック、懐中電灯のように手で持つタイプや首から吊り下げて使用するものなど、形状や種類、使用方法がさまざまな補助具が開発されてきました。これらの電子式歩行補助具を使うためには、白杖や盲導犬を併用して単独で歩行できることが前提とされます。また、使用前にはこれらの装置の専門訓練士による講習を受ける必要もあります。

### 3）視覚障害者用地図（触地図）

　視覚障害者が目的地までの道順や室内の状況を把握する手段として、「触地図」があります。これは、道や目印になる建物、室内の家具などを立体的に表し、手で触れることによって環境を理解することができる地図です。つくり方は、ダンボールなどを利用して手づくりするなど、工夫しだいで家の見取り図などを手軽に作成できます。

### 4）メンタルマップ（空間認知）（図8-8）

　自分の頭のなかに思い描いた地図をメンタルマップといいます。視覚障害者が移動する際に必要とされるものの1つです。同行援護従業者は、視覚障害者が頭のなかに地図を描きやすいように、的確に説明しなければなりません。場合によっては、手のひらに位置を示し、伝えることも必要です。

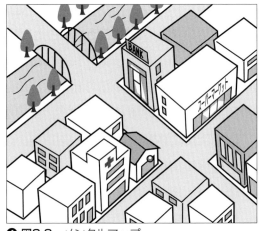

❷ 図8-8　メンタルマップ

### Ⓑ 盲導犬

　盲導犬は、盲導犬に適した犬種を生後2カ月から育成し、適性検査合格後に6～12カ月間の訓練を行い、その後視覚障害者との共同訓練を4週間受けます。

　盲導犬は、視覚障害者の歩行を補助しているときは白または黄色のハーネスをつけ、視覚障害者はそのハーネスを握って指示を出します。盲導犬の使用者は盲導犬に自分がリーダーであることを認めさせ、清潔保持のためのブラッシングといった犬の世話や扱い方、歩行方法を盲導犬とともに学び、技術を習得しなければなりません。盲導犬はペットではなく、視覚障害者のパートナーとして訓練された犬なのです。かつては盲導犬に対する認識の低さから、施設の利用や入店が拒否されることもありましたが、2002（平成14）年5月の「身体障害者補助犬法」成立によって、身体障害者補助犬（盲導犬、介助犬および聴導犬）を使用する身体障害者が施設等を利用する際の円滑化が図られています。

⊃ 図8-9　盲導犬

# Ⅱ　視覚障害者の安全で適切な歩行のために

## §1 ● 誘導歩行で大切にしたいこと

　同行援護従業者は、視覚障害者が必要とする情報を補い、援助する存在です。視覚障害者が安全かつ効率的に、そして自由に外出し、自分らしい生活を営むことができるように支援することが歩行介助の目的です。

### Ⓐ 安全の確保、情報の提供、効率のよい移動

#### 1）危険な障害物の確認チェック

　晴眼者には危険でないものでも、視覚障害者にとっては不安を抱くケースがたくさんあります。

　視覚障害者には、放置自転車や歩道に飛び出た店の看板や商品、通行人、電

柱、自動車、歩道の段差、階段、曲がり角、街路樹、信号、郵便ポストなど、1つひとつが歩行の際の障害となり、事故の原因となり得ることを理解しましょう。

### 2）状況の情報伝達、提供も大事な支援

　同行援護従業者が適切に情報を提供することで、視覚障害者は道順や道路の交通状況、危険な場所等を知り、白杖などで確認しながら安全に歩行することができます。

　歩行介助の際には、たんに「上り階段があります」、「手前に開くドアがあります」と動作に関する情報を伝えるだけでなく、「右手には、新しく書店ができました」、「左手の花壇にはパンジーが咲いています」などという周囲の環境や、季節・気象等に関する情報も提供します。さまざまな興味がよび起こされ、生活にうるおいをもたらす情報が視覚障害者の印象に刻まれます。

### 3）計画性と効率性のよい移動

　視覚障害者が安全に歩くためには、現在位置、進行方向などの確認を慎重に時間をかけて行う必要があります。視覚障害者は、晴眼者が同じ距離を移動するときと比べて1.5倍の時間がかかるといわれています。そのため、同行援護による外出にあたっては、外出先と目的・経路の確認など、安全を確保したうえで効率のよい移動を選択し、行動予定を明確に整理しておくとよいでしょう。同行援護従業者が適切に歩行介助を行うことで、安全でかつ効率のよい移動ができます。

## Ⓑ 視覚障害者の精神的な負担を軽くする誘導

　視覚障害者は、危険や自分の現在位置、進む方向などに気を配り、緊張感をもって移動しています。視覚障害者がかかえる精神的な負担を軽減するためには、適切な歩行介助が必要です。

　視覚障害者が歩行介助によって、精神的ストレスを感じることなく自由かつ安全に外出することは、よい気分転換となり、精神の健康を保つためにも役立つとされています。行動範囲が限られ、外出の頻度も制限されて家に閉じこもることは、視覚に障害がある人に限らず、気が滅入るものです。

　また、運動量の確保も歩行介助の大きな目的の１つです。視覚に障害があるために十分な安全を確保できないとして、外出や運動を控える視覚障害者もいますが、身体を動かす機会が減少することによって、基本的な生理機能や運動能力が低下してしまうことがあります。

　これは二次的障害といって、目が見えないという障害（一次的障害）によって外出等を控える、その結果、筋力が低下するという、副次的に別の機能に障害がもたらされることをいいます。

　歩行介助を受けることで、積極的に活動する意欲をもつことができれば、二次的障害を予防することも可能になります。

## §2 ● 外出の準備で知っておきたいこと

### Ⓐ 外出時に必要な持ち物の確認

　安全や快適な外出に留意するためには、外出時に必要な持ち物の確認は欠かせません。視覚障害者・同行援護従業者ともに安全に行動するために荷物はできるだけ少ないほうがよいでしょう。必ず持たなければならないのが、身体障害者手帳です。身体障害者が医療給付・補装具の交付・施設の入所等の各種の福祉サービスや交通機関等の割引制度などを受けるときに必要となる手帳で

● 図8-10　必要な持ち物の確認

す。現在では、スマートフォンに障害者手帳を登録すると、デジタル障害者手帳として表示できるようになり、交通機関や飲食店など、3000以上の事業者で利用が可能です。事前に調べておくとよいでしょう（ミライロID　https://mirairo-id.jp/）。また、糖尿病や高血圧症などの持病がある視覚障害者の場合は、疾病に対応する薬なども必要です。体調や持病を事前に確認することで、容態急変時に迅速に対応することができます。

### Ⓑ 外出の際の服装

　同行援護従業者がつまずくと、視覚障害者も転倒する危険があります。歩行介助を行う際は、動作の妨げにならない服装を心がけ、活動的でないものは避けます。ヒールの高い靴、滑りやすい靴、脱げやすい靴を履くことも好ましくありません。また、手持ちの荷物は少なくするように配慮し、リュックなどを用いてなるべく両手が空いているようにします。

⊃ 図8-11　外出の際の服装

### Ⓒ 「情報収集」の確認、外出先と目的・経路の確認

　行動プランをつくる際には、効率だけでなく、安全面を最優先します。そのため、バスや電車を使用する場合には、混雑状態や遅延（とくにバスの場合は道路の混雑状態）も計算して、時間に余裕のある計画を心がけましょう。

　その日の外出先の目的・経路など、プランの内容を下調べしておくことは同行援護の安全対策であり、大切な心得となります。天気予報による気象状況、交通機関の運行情報やエスカレーター等の設備のチェックや、訪問施設などの予約申し入れなど、事前にできることは手をつくしておくと利用者も安心するでしょう。

　ただし、自立支援の面から、利用者ができること（予約申し入れなど）は利用者自身に行ってもらうよう、アプローチすることも必要です。

　また、交通機関ごとに割引制度による料金が異なるので、事前に確認します。

**ONE POINT**

## ➡ 交通機関の割引制度など

　交通機関には、障害者に対して割引制度を設けているものがあります。身体障害者に対する主な交通機関の割引制度を紹介します。

　なお、これらの割引制度には各自治体および企業によって、割引率や対象者に違いがあるので、利用の前に確認するようにしましょう。また、タクシーの利用の際は重度障害者に対し助成金制度を行っている場合もあります。なお、表中の「第1種障害者」とは、一定以上重い身体障害のある人（たとえば電車の場合、視覚障害者については障害等級が1級から3級までの人）のことをいい、「第2種障害者」とは、それ以外の身体障害のある人のことをいいます。

●バ　ス

| 対　　象 | 身体障害者手帳(療育手帳)所持者および第1種障害者の介助者 |
|---|---|
| 割引内容 | 第1種障害者と介助人または第2種障害者のみ半額 |
| 利用方法 | 運賃支払いの際に身体障害者手帳を呈示 |

●電　車（JR）

| 対　　象 | 身体障害者手帳(療育手帳)所持者および第1種障害者の介助者 |
|---|---|
| 割引内容 | 第1種障害者と介助者は半額<br>単独の第1種障害者および第2種障害者は片道100kmを超える区間（他社線との連絡含む）に限り半額（普通乗車券のみ） |
| 利用方法 | 乗車券発売窓口にて身体障害者手帳を呈示または自動券売機にて小児乗車券を購入し改札口の係員に身体障害者手帳を呈示 |

●飛行機（国内線）

| 対　　象 | 身体障害者（満 12 歳以上）および介助者 |
|---|---|
| 割引内容 | 第1種障害者と介助者または第2種障害者本人<br>約25％の割引※<br>※割引率は航空運送事業者・路線によって異なります。 |
| 利用方法 | チケット購入の際に身体障害者手帳を窓口に呈示 |

●タクシー

| 対　　象 | 身体障害者手帳（療育手帳）所持者 |
|---|---|
| 割引内容 | 障害の等級にかかわらず1割引 |
| 利用方法 | 料金支払いの際に身体障害者手帳を呈示 |

●有料道路

| 対　　象 | 身体障害者が乗車する車 |
|---|---|
| 割引内容 | 障害者が乗車する車を介助者が運転する場合、身体障害者手帳または療育手帳の交付を受けている者のうち第1種障害者であれば半額 |
| 利用方法 | 手帳での割引：身体障害者手帳（療育手帳）、割引登録をする自動車の車検証、運転免許証（障害者本人が運転する場合）、委任状等代理人であることが確認できる書類（本人が登録に来られない場合）を福祉事務所等に持参して登録手続きを行い、料金支払いの際に身体障害者手帳を呈示 |
| ETC利用 | 手帳での割引登録の際に必要なものとETCカード、ETC車載器での割引セットアップ申込書および証明書を福祉事務所に持参して登録手続きを行い、通常車と同じようにETC対応レーンを通過（ETC未対応料金所およびETC故障時は係員に身体障害者手帳を呈示） |

# Ⅲ 同行援護従業者の心がまえと留意点

## §1 ● 同行援護従業者の「押しつけ」は禁物

　同行援護従業者が同行援護を行う際の心がまえは、視覚障害者の人格とその意思を尊重することがいちばん重要です。不必要な援助を押しつけたり、視覚障害者の意思を無視した行動をとることは禁物です。

　視覚障害者のなかには、基本の介助方法以外に自分に合った方法を身につけている人もいれば、歩行介助を受けて歩く方法を知らない人もいます。視覚障害者が使い慣れていない介助方法を同行援護従業者が押しつけてしまうと、歩行や階段の昇降が不安定になったり、電車の乗り降りの際に足を踏み外したりといった事故を引き起こす危険があります。

### Ⓐ 行動の主体は利用者

　同行援護中の行動の主体は、当然のことながら利用者である視覚障害者です。同行援護従業者は、視覚障害者が求めている範囲の援助を適切に行わなければなりません。視覚障害者が必要とする援助は、その人の障害の程度や行動能力、身体機能、健康状態、年齢、性別、価値観等によって異なります。必要とされていない援助を行うことは、相手に不信感を抱かせるだけでなく、視覚障害者の自立を妨げることにもなります。

### Ⓑ 利用者の障害の理解

　視覚障害の原因には、さまざまな疾病や事故などが考えられます。同行援護する相手のかかえる疾病や障害の程度、健康状態を理解しておくことは、容態の急変時や必要とされる介助を判断する際に役立ちます。たとえば、強度近視・先天性白内障・小眼球・未熟児網膜症・先天性緑内障などの網膜剥離をきたす可能性がある眼疾患をもつ視覚障害者に対しては、眼の周辺をはじめ頭部などに強い衝撃を与えないように障害物に配慮する必要があります。また、ま

ぶしさを感じる症状がある眼疾患をもっている視覚障害者には、強い光を避ける必要がある場合も考えられるでしょう。

### ⓒ プライバシーの保護の徹底

　同行援護従業者の職務として個人情報の保護は絶対です。視覚障害者が自らプライバシーにかかわる事がらを話すこともありますが、その場合でも聞いた内容を本人の同意なく第三者に話してはいけません。これは、視覚障害者の話を聞かずに無責任・無関心に接することとは違います。相手の言葉には耳を傾け、第三者や専門機関の援助が必要だと感じた場合には、視覚障害者にその旨を伝え、適切に対応することが必要です。

## §2 ● 視覚障害者への接し方の基本

### Ⓐ 利用者への言葉づかい・接し方

　視覚障害者に対して、幼児に接するときのような言葉をつかったり、あるいははじめからなれなれしいよび方をしてはいけません。不自然な態度で接することは相手の気分を害します。あいさつや立居振舞いは礼儀正しく、明るくはっきりと、やさしく接するよう心がけましょう。言葉づかいは視覚障害者との信頼関係の構築に大きく影響します。丁寧に応対し、十分に聞く姿勢をもつことが大切です。

❷ 図8-12　礼儀正しく、丁寧に、明るくはっきりと、やさしく接するよう心がけます

### Ⓑ　時間の厳守は信頼のもと

実際に視覚障害者の外出において歩行介助を行う場合、決して待ち合わせの時間に遅れてはいけません。基本は、同行援護従業者が先に着いて、後から訪れる視覚障害者に声をかけるようにしましょう。

同行援護従業者が遅れたために1人で目的地に行こうとして事故にあうことも考えられます。視覚障害者に不安を与えることなく信頼関係を築くためにも、時間の厳守は同行援護従業者が守るべき基本的な事柄です。

### Ⓒ　焦らず、あわてず、ゆとりをもって

歩行介助中は、階段や障害物の手前で一旦停止することも多く、同じ距離を移動しても晴眼者が1人で移動するときより時間がかかることを理解しておきましょう。常に心にゆとりをもって、焦らずあわてず歩行介助を行うことが、安全の確保につながります。

### Ⓓ　金銭の管理

金銭の管理は、基本的に視覚障害者本人にしてもらうようにしましょう。もし、金銭を一時的に預かる場合は、硬貨や紙幣を1枚ずつ視覚障害者の手の上に乗せて金額を声に出し、「1,000円札が1枚、100円玉が2枚で、合計1,200円です」というように伝えながら相手に確認し、誤解を招かないようにします。

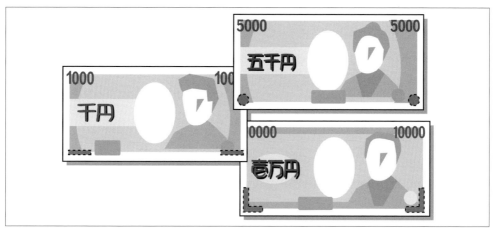

➋ 図8-13　盲、弱視の人たちのお金の見分け方は、1,000円、5,000円、10,000円の紙幣のそれぞれ左右下の斜線の部分の凹凸で判断しています。

# 第9章

# 歩行介助の基本技能

※イラストや解説にあたり、表現上、一部白杖の使用を省略しています。

## I 歩行介助の基本技能

　歩行介助を行う際の基本技能は、視覚障害者の自立歩行が可能であり、視覚障害者と同行援護従業者の身長に著しい差がないことを前提にして考えられています。本書で紹介する歩行介助の姿勢は、あくまで基本的なものの一例にすぎません。利用者が望んでいない基本姿勢を押しつけることは、慣れない動作による事故を引き起こす危険があるので、介助を受ける視覚障害者が使い慣れた方法がある場合は、それに従うようにしましょう。

　基本の姿勢をとることがむずかしいときは、本テキストの107～110ページ「§2 基本姿勢がとれない場合」を参照してください。

### §1 ● 基本姿勢

#### Ⓐ 基本姿勢

#### 1）まず誘導する側を確認すること

　同行援護従業者は視覚障害者の横に立ち、「ガイドします」、「ご案内します」などと伝え、視覚障害者が求める歩行介助の基本姿勢を尋ねます（どちらが右に立つのか、左に立つのかなど）。

#### 2）斜め半歩前に立って同じ方向に （基本姿勢で介助を行う場合）

　基本姿勢が決まったら、同行援護従業者は視覚障害者の斜め半歩前に立って同じ方向に身体を向けます。同行援護従業者と視覚障害者が同じ方向に身体を

向けることで視覚障害者に進行方向が伝わります。

　同行援護従業者は視覚障害者の少し前を歩いて、前方に障害物などを発見したら、危険を回避する行動をとります。

### 3）ひじの上をつかんでもらいます

　同行援護従業者は視覚障害者がつかまるほうのひじや手の甲を、視覚障害者に軽く接触させて自分の位置を知らせます。そして、視覚障害者に同行援護従業者のひじの少し上（関節の上の部分）をつかんでもらいます（**図9-1**、**9-2**）。視覚障害者には、つかんだ手の手首を伸ばして親指が同行援護従業者のひじの外側に出るようにしてもらうと、手首の動きが自由になり、動作がスムーズになります。

　つかみ方には、それぞれ個人差がありますが、一般的に、歩行介助中に視覚障害者の握る力が強まるのは不安を感じたり緊張していたりすることが多いようです。視覚障害者が過度に緊張していると、動作がぎこちなくなり転倒などの事故を引き起こすおそれがあります。同行援護従業者は不安の理由を尋ねたり、声かけを忘れないようにします。同行援護従業者の腕をつかむことがむずかしい場合は、**108ページ「3）腕をつかむことができない場合」**を参考にして、柔軟に対応します。

●ひじとひじを軽く接触させます。

●ひじの少し上をつかんでもらいます。

⊃ **図9-1**

⊃ **図9-2**　視覚障害者は介助者のひじを後ろからつかみます。

### 4）つかまれている腕を自分の脇腹に

同行援護従業者は、視覚障害者がつかまっているほうの腕を自分の脇腹に沿わせるように下ろし、胴体との間が広がらないように注意します。このようにすることで、視覚障害者に同行援護従業者の身体の向きや動きが伝わりやすくなります。この姿勢で立つと、視覚障害者は同行援護従業者の腕をつかんでいるほうのひじを90度ほど曲げた状態になります。この状態は、視覚障害者にとって同行援護従業者の身体の動きを察知して自らの動作に移しやすい姿勢といえます（**図9-3**）。

この姿勢は基本ですので、歩行時間・距離に合わせて柔軟に対応しましょう。歩行中もつかまれている腕は振らないようにします。

### 5）同行援護従業者と視覚障害者の肩は重なるように

同行援護従業者と視覚障害者は同じ方向に身体を向け、上から見たときに、ちょうど同行援護従業者の肩と視覚障害者の肩（同行援護従業者の左側に視覚障害者が立つ場合は、同行援護従業者の左肩と視覚障害者の右肩）が重なるようにします（**図9-4**）。

➋ **図9-3**　同行援護従業者がつかまれている腕を振ると、視覚障害者の歩行が不安定になります。

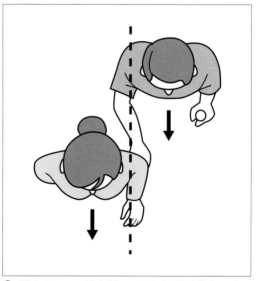

➋ **図9-4**　この基本形は、同行援護従業者の動きが視覚障害者によく伝わり、なおかつ視覚障害者の身体を拘束することがないので、精神的不安を軽減させる効果があります。

　基本の姿勢で歩行介助を行っているときに視覚障害者が身体のバランスを崩したら、同行援護従業者は握られているほうの腕を視覚障害者の身体の前に水平に差し出して転倒を防ぎます。

### Ⓑ 白杖を使う場合

　視覚障害者は、一般的に白杖を利き手に持ちます。同行援護従業者は、視覚障害者が白杖を持っていないほうの手で腕をつかんでもらいましょう（図9-5）。

→ 図9-5　白杖を持っていないほうの手で同行援護従業者の腕をつかんでもらいましょう。

　白杖を持つ目的は、視覚障害者であることを周囲の人に知ってもらうことや、障害物の位置や段差の高さ、幅などを確認するためです。白杖は視覚障害者にとって重要なものです。不用意に白杖をつかんで引っ張ったりすると、視覚障害者に不安や恐怖を抱かせてしまうばかりか身体のバランスを崩して転倒させてしまう危険もあります（図9-6）。ただし、いすの位置や段差の高さを知らせる際に同行援護従業者が白杖に手を添える対応は有効であるといえます。その場合は、声かけと説明を忘れないようにしましょう。

　白杖が同行援護従業者よりも前に出ていたり、身体の幅からはみ出して構えていると、通行人に白杖がぶつかってしまうことがあります。同行援護従業者は白杖の位置に注意して、危険だと判断したときは視覚障害者に伝えましょう。

→ 図9-6　白杖を不用意につかんだり、引っ張ったりしてはいけません。

### ⓒ 盲導犬をともなっている場合

　盲導犬をともなっている視覚障害者にも歩行介助が必要な場合があります。

　この場合の同行援護も白杖を持っている場合と同じように、同行援護従業者は視覚障害者の半歩斜め前に立ち、盲導犬のハーネスを持っている手とは反対の手で同行援護従業者のひじの少し上をつかんでもらいます。

　盲導犬をともなっている視覚障害者のなかには、言葉による誘導のみを希望している人もいます。その場合は、視覚障害者の歩行と盲導犬の視界をさえぎらないように、斜め後ろから「信号が青になりました」、「右に曲がります」などの言葉による誘導を行います。

　盲導犬が装着しているハーネスは視覚障害者と盲導犬をつなぐ大切なものなのでさわってはいけません。また、盲導犬に対し、食べ物を与える・口笛を吹く・よぶ・なでるなどの行為も避けます。

## §2 ● 基本姿勢がとれない場合

### Ⓐ 同行援護従業者と視覚障害者の身長差が大きい場合

　同行援護従業者と視覚障害者の身長差が大きい場合、同行援護従業者のひじの上を視覚障害者がつかんで進もうとすると不自然な姿勢になります。そのときは、次のような姿勢をとってみましょう。

#### 1）視覚障害者が著しく背が高い場合

　同行援護従業者が視覚障害者の斜め半歩前に立ち、同じ方向に身体を向ける点は、基本姿勢と変わりません。異なる点は、視覚障害者が同行援護従業者の腕を握るのではなく、肩につかまる点です（**図9-7**）。

　この姿勢をとることによって、同行援護従業者をつかんでいるほうの視覚障害者の腕が90度ほどに曲がった状態で保たれ、視覚障害者が同行援護従業者

🔴 **図9-7**　視覚障害者の背が著しく高い場合は同行援護従業者の肩につかまります。

の動きを察知して適切に行動しやすくなります。ただし、視覚障害者が同行援護従業者の肩につかまっているだけなので、身体のバランスを崩したときや通行人と接触したとき、曲がり角などで手が離れてしまう可能性が高く、危険な場合もあります。

　この方法は、可能な限り屋内だけで用いるようにするなど、基本姿勢での歩行介助時よりも安全確認や言葉による説明に気を配らなければなりません。

### ２）視覚障害者が著しく背が低い場合

　同行援護従業者は腕を下方におろし、視覚障害者は同行援護従業者の手首のあたりを握ります（**図9-8、9-9**）。歩行介助を受ける視覚障害者が子どもの場合は、手をつないでもよいでしょう。背が低い視覚障害者が同行援護従業者の手首のあたりを握ることで、基本姿勢と同じように視覚障害者の腕が自然に曲がり、適切な行動がとりやすくなります。

### ３）腕をつかむことができない場合

　視覚障害者が同行援護従業者の腕をつかみにくい原因としては、視覚障害者の握る力が弱いことや同行援護従業者の腕が視覚障害者の手の大きさと比較して太く、安定した状態でつかむことができないことなどが考えられます。このような場合は、同行援護従業者が視覚障害者の横に並んで腕をとるか、「ひじ

> **図9-8**　視覚障害者が同行援護従業者より著しく背が低い場合。

> **図9-9**　ひじの少し上がつかみにくいときはつかまりやすい位置。

の少し上」ということにこだわらず、つかまりやすい場所を持ってもらいます。

　ただし、腕をつかめないからといって、視覚障害者と同行援護従業者が腕をしっかり巻き込むようにして組んだ状態（**図9-10**）で介助を続けると、徐々にお互いが大きな負担を感じるようになるうえ、視覚障害者と同行援護従業者が密接につながることになり、危険回避が遅れる可能性があるので避けたほうがよいでしょう。

### 4）視覚障害者の歩行が不安定な場合

　視覚障害者が高齢者の場合や身体機能に障害がある場合は、自立歩行が不安定な可能性があります。そのときは、同行援護従業者が視覚障害者の横に並んで視覚障害者の腰のあたりに手を添えて体幹を支えながら、同行援護従業者側にある視覚障害者の手をとります（**図9-11**）。これは視覚障害者がバランスを崩すことがないようにするための方法ですが、基本の姿勢よりも視覚障害者と同行援護従業者の身体が近くなるので、つまずかないように注意しなければなりません。

### 5）視覚障害者が車いすを使用している場合

　基本的には車いすを使用している人を歩行介助する方法と同様です。ただし、この場合も言葉による説明は忘れないようにしましょう。言葉で説明することで視覚障害者は路面の凹凸や段差を越える際の衝撃に備えることができます。

➡ **図9-10**　腕を巻き込むようにして組んだ状態で介助を続けると、お互いが大きな負担を感じ危険回避が遅れる可能性があるので避けたほうがよいでしょう。

➡ **図9-11**　同行援護従業者が視覚障害者の横に並んで腰のあたりに手を添え体幹を支えながら、同行援護従業者側にある視覚障害者の手をとります。

### 6）基本の姿勢とは異なる方法を要求された場合

　ある程度の視覚情報が得られ単独歩行ができる人には、言葉のみの歩行介助を要求される場合もあります。このような場合は、同行援護従業者は危険な場面以外は原則的に視覚障害者が望む方法に従います。ただし、遠慮を感じたり、自分でやることに固執して、必要な援助を求められない視覚障害者もいます。同行援護従業者は、視覚障害者とのコミュニケーションを大切にし、求められていることを把握するよう努めるとともに視覚障害者の様子を観察することによって、必要な援助を判断できるようになりましょう。また、危険と判断した場合は、説明をしてから安全な方法を提案します。

## §3 ● 歩行介助において留意すべき点

　同行援護従業者は気持ちにゆとりをもち、足早に移動することは避けましょう。視覚障害者に対して言葉での状況説明を行うとともに、常に自分と視覚障害者双方の歩行スペースに目を配り、危険を回避する技術が必要です。

　歩行介助を行う際は視覚障害者の安全が確保できるよう十分に留意しなければなりません。雨や雪といった天候の場合は、見通しが悪くなることから危険察知が遅れる可能性や周囲の人が視覚障害者の白杖に気づかないことがあります。加えて、足元が不安定になる、傘を持つことで手がふさがるなどの悪条件が重なり、事故を引き起こす危険性が高くなります。また天候がよく足元が安定した道を移動している場合でも、人ごみの通過や電車の乗降などは危険が多く、細かな配慮が必要となる場面といえます。

　次に、危険な場面の例をあげます。

①視覚障害者の意思を無視する：行動の主体は視覚障害者であることを忘れずに、視覚障害者が慣れている方法で意思の確認を怠らないように注意します。

②視覚障害者の腕や衣服を引っ張りながら誘導する：視覚障害者に不安や恐怖を与えるため避けるべきです（**図9-12**）。

③白杖をつかんで誘導する：同行援護従業者は、白杖を不用意につかんだり

引っ張ったりしてはいけません。

④視覚障害者を後ろから押して誘導する：後ろから押されると、視覚障害者は恐怖を抱き、身体のバランスを崩しやすくなります（**図9-13**）。

⑤視覚障害者をかかえ込む：視覚障害者の身体を拘束することで、危険回避の動作が遅れ、事故を引き起こす危険性があります（**図9-14**）。

● 図9-12

● 図9-13

● 図9-14

**ONE POINT**

### ➡ 同行援護従業者が視覚障害者のそばを離れる場合

　視覚障害者のそばを離れるときは次のような手順に従いましょう。

　①そばを離れることを視覚障害者に伝えます。②周囲に段差などの危険がないか確認します。③壁や手すりやいすなど、動かなくて安定しているものに視覚障害者の手を導きます。④視覚障害者の現在位置・方向・周囲の状況を説明し、そばを離れます。⑤戻ってきたときは、声をかけてから基本姿勢をとりましょう。

➡ 図9-15

## §4 ● 雨天の場合

　雨の日の歩行介助は注意が必要です。雨の日は路面が滑りやすく、傘をさすために手がふさがります。また、見通しが悪くなることから、同行援護従業者自身の危険察知が遅れることも考えられます。

　視覚障害者の斜め半歩前を歩いてお互いに傘をさすことは不可能なので、視覚障害者と同行援護従業者が横に並び、言葉で誘導する方法と、1本の傘に2人が入って歩く方法があります。

　雨の日の基本的な歩行介助は、次のような手順で行います。

## 1）視覚障害者の手を同行援護従業者が持っている傘の柄に導く（1本の傘に2人で入る場合）

同行援護従業者は視覚障害者側の手で傘を持ち、視覚障害者には白杖を持っていないほうの手で傘の柄を握ってもらいます（**図9-16**）。または、傘を持っている同行援護従業者の手に視覚障害者がつかまるようにします。視覚障害者は自身の腕を、傘を持っている同行援護従業者の腕にわきの下から巻き込むようにして入れ、同行援護従業者の手首のあたりを軽く握ると、お互いの間に距離がなくなり、1本の傘でも雨に濡れるのを防ぐことができるでしょう。

● **図9-16**　同行援護従業者の傘が上になるように重ねて歩く方法。必要に応じて視覚障害者の身体に触れて誘導する。

## 2）視覚障害者と同行援護従業者が横に並んで移動する

前後ではなく左右に並んで移動します（**図9-17**）。この場合は、視覚障害者と同行援護従業者が段差や階段を同時に昇降することになるので、同行援護従業者は視覚障害者が足を踏み外さないように注意して介助しましょう。

● **図9-17**　視覚障害者と同行援護従業者は、前後ではなく左右に並んで移動します。

### 3）雨の日には丁寧な状況説明を心がけましょう

雨の日は、晴れている日より歩く速度が落ちることを考慮し、焦らずに安全を確認して丁寧な状況の説明を心がけましょう。

雨の日の歩行介助では、それぞれに傘を持ち、同行援護従業者の傘が上になるようにお互いの傘を重ねて歩く方法もあります。

## Ⅱ　歩行介助で基本となるさまざまな技能

ここでは基本となる方法・知識について紹介していきますが、実際の歩行介助にあたっては、それぞれの視覚障害者の健康状態をはじめとする状況変化や環境・気象等の変化に応じて、柔軟で安全な対応を心がけるようにしましょう。

## §1 ● まずはスタート、一緒に歩いてみましょう

### Ⓐ 道幅を意識しながら、半歩前を歩きます

歩行中は、視覚障害者は同行援護従業者のひじ付近を軽くつかみます。同行援護従業者が半歩前に立ち、「2人分の横幅」を常に意識しながら進んでいきます。長身の視覚障害者は、同行援護従業者の上腕や肩のあたりにつかまります（図9-18）。

❷ 図9-18　つねに2人分の横幅を意識しながら進みます。

歩行介助の際には横の幅だけでなく、木の枝や看板などの上下の障害物にも配慮して、衝突しないように注意しましょう。

また、同行援護従業者はこうした周囲の状況に目を向けるだけではなく、視

覚障害者の表情や足取り、環境の変化にも注意して、常に危険回避を心がけなければなりません。

## Ⓑ 歩く速度は視覚障害者に聞きましょう

　同行援護従業者は視覚障害者に歩く速度、ペースについて確認をしましょう。同行援護従業者のペースで進んでしまうと、そのペースに慣れていない視覚障害者は障害物にぶつかったり、段差につまずくなどの危険がともないます。逆に、視覚障害者の歩く速度が速すぎて危険と判断した場合は、速度を落としてもらうように伝えます。

　ただし、歩く速度は遅ければ遅いほどよいわけではありません。ゆっくり歩きすぎると、視覚障害者は「何か危険があって速度を落としているのか」と不安を感じて緊張したり、歩幅が狂って足を踏み外すことも考えられます。

　また、雨の日や滑りやすい路面を移動するときは、視覚障害者に状況を説明したうえで、歩く速度を落としたほうが安全でしょう（**図9-19**）。

➡ **図9-19**　同行援護従業者は視覚障害者に歩く速度を聞いて確認をとり、不安を感じさせないように配慮します。

## Ⓒ 道路の横断、街角を曲がるときの原則
### 1）道路の横断は十分な注意と安全の確認が必要です

　道路を横断するときは、自動車・バイク・自転車・通行人・歩道の段差など、十分な注意と安全の確認が必要です。次のような順で進めましょう。

　①横断歩道を渡る前に歩道で一旦停止します。

　②横断する方向を確認します。交差点には直進式のほかにスクランブル式もあるので、方向の確認と道順に気をつけましょう。

　③横断する道路の幅を視覚障害者に伝えます。これにより、どのくらいの時間で渡りきることができるのか、視覚障害者が把握できます。行動の予測

がつくことは、視覚障害者の不安を取り除くことに役立ちます。

④十分に安全を確認して横断します。信号無視の自動車やバイクなどが交差
　点に進入するおそれもあるので、安全確認は十分に行います。青信号が点
　滅している場合は、無理をせず次の青信号まで待ちます。

　信号機のない横断歩道では、最短距離を横断します。斜めに横断して距離が
長くなると、それだけ危険が増します。

### 2）街角を曲がるときには直角に曲がります

　晴眼者が街角を曲がるときは、スムーズに曲がります。しかし、視覚障害者
の場合、スムーズなカーブを描いて曲がる
と、「角を曲がる」という感覚がつかみにく
く、方向を見失ってしまう危険があります。
視覚障害者が頭に描いているメンタルマップ
上で「曲がる感覚」を失うと、道順までわか
らなくなってしまいます。

　したがって、視覚障害者が曲がるときは、
「直角に曲がる」ことが原則になります。

　同行援護従業者が歩行介助を行うときは、
目標物が近づいてきたら「角を右に曲がりま
す」などと声かけをしましょう（**図9-20**）。

● 図9-20　街角を曲がるときには直角に曲がります。

### Ⓓ 方向転換が必要なとき

　エレベーターや電車の乗降などの際には、方向転換・Uターンをすることが
あります。その場合には次のような方法があります。

### 1）同行援護従業者が先に動くとき

　同行援護従業者は、進行方向が変わることを伝えて一旦停止します。次に、
視覚障害者に腕をつかんでもらった状態のまま、同行援護従業者が視覚障害者
の周りを大きく回り込みます。視覚障害者は、同行援護従業者の動きに合わせ
てコンパスの軸のようにその場で回ります（**図9-21**）。

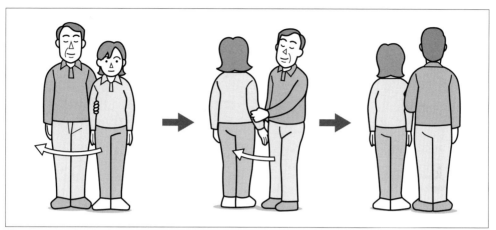

⊙ **図9-21**　方向転換の方法①

### 2）視覚障害者と同行援護従業者が同時に動くとき

　同行援護従業者は、進行方向が変わることを伝えて一旦停止します。次に、視覚障害者と同行援護従業者が向かい合います。このとき、視覚障害者がつかんでいた同行援護従業者の腕を離すことがないように気をつけましょう。同行援護従業者はつかまれていないほうの手の甲で、視覚障害者の空いている手の甲に触れ、腕の位置を知らせます。視覚障害者の手を持ち、自分の腕に導いてもよいでしょう。視覚障害者が同行援護従業者の腕をつかんだ後、視覚障害者は最初につかんでいた同行援護従業者の腕を離します。同行援護従業者は視覚障害者が持ち手を替えたことを確認し、進行方向を向きます（**図9-22**）。

　この方法は、視覚障害者と同行援護従業者の位置が最初とは左右逆になるので、必要な場合は位置の交換を行います（位置交換）。

　周囲にスペースがある場合は1）の方法が簡単ですが、視覚障害者が方向を見失うことがないように注意する必要があります。周囲にスペースがない場合は2）の方法が確実でしょう。しかし、2）の方法は手順が何段階かに分かれているので、方向転換の方法を同行援護従業者が丁寧に説明するか、視覚障害者が方向転換の知識をもっている必要があります。

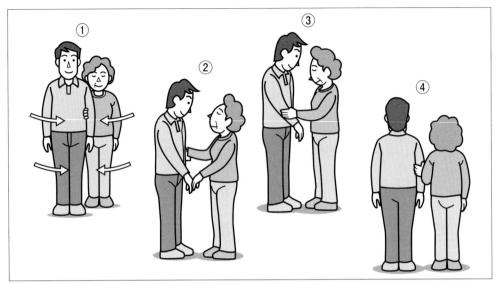

●図9-22　方向転換の方法②

　1）の方法に似たものとして、同行援護従業者を軸にして視覚障害者が大きく回り込む方法もありますが、視覚障害者が障害物にぶつかったりしないように注意が必要になります。

　また、視覚障害者が道順を覚えることを求めているときは、なめらかに動く1）の方法よりも、身体の動きにメリハリのある2）の方法を用いたほうがよいこともあります。

**ONE POINT**

**● 進行方向の把握は視覚障害者の移動にとって重要です**

　方向転換をするときは、同行援護従業者は視覚障害者が方向を見失わないように注意します。自分が身体を向けている方向や進行方向を把握することは、視覚障害者の移動にとって重要であることを忘れてはいけません。また、何も触れるものがない空間に急に身を置かれると、視覚障害者は不安を感じてしまいます。どちらの方法でも、視覚障害者と同行援護従業者が離れてしまう瞬間がないように気をつけましょう。

### Ⓔ 知っている道と初めての道の案内

　視覚障害者が歩き慣れている道を通って目的地へ向かう場合、「コンビニの角を右に」などと具体的に示して、視覚障害者が同行援護従業者に道案内をすることもあるでしょう。しかし、視覚障害者がよく知っている道順であっても、歩行介助を行う際は同行援護従業者による状況説明が必要です。それは、事故や危険の多い道や、新しい建物ができて環境変化があった場合に、視覚障害者が頭のなかで思い描いているメンタルマップを修正する必要があるからです。視覚障害者が慣れている道順を歩く場合は、基本的に、視覚障害者の道案内に従って移動します。そして、変更を加えたほうがよいと判断したときは状況説明をし、道順の変更については、視覚障害者の意思を聞いて判断をするようにします。

　初めての道を移動する場合や視覚障害者から「道順を覚えたい」との要望があった場合は、誘導用のブロックがあれば視覚障害者にブロックを確認してもらいながら曲がり角は角度をしっかりつけて（できるだけ直角に）曲がり、途中にある目標物を伝えながら歩行介助を行います。

### Ⓕ 状況説明は臨機応変、丁寧・簡潔に

　歩行介助において状況の説明は同行援護従業者が担う重要な役割の１つです。現在位置、歩いている場所の状態、道順、曲がり角、段差、階段、坂道、ドア、溝、障害物、信号、電車や自動車の乗降、いすへの着席といった周囲の状況に関する情報や工事などによる環境の変化に関する情報は、視覚障害者が状況を把握して安全に移動するためには不可欠なものです。

　同行援護従業者が、適切で安全に配慮した状況の説明を行うことで、視覚障害者の不安は軽減し、その場に適した動作をとることができます（**図9-23**）。また、視覚障害者の信頼を得ることもできるでしょう。

　状況説明については、不要なことや省略してよいこともあります。たとえば、階段に近づいてきたからといって、「５ｍ先は上り階段です」などと説明を詳細にしすぎると、かえって視覚障害者の気持ちを混乱させます。「残り10段で、階段は終わり」など、早すぎる情報は視覚障害者を緊張させるだけで

す。階段では手前で一旦停止し、「上り階段です」と伝えれば十分に安全は確保されます。緊張や混乱を招くような過剰な説明は避けるように配慮します。

また、視覚障害者が歩き慣れた道を移動する場合は、同行援護従業者の丁寧な説明が視覚障害者には細かすぎて不快と受け取られることもあります。同行援護従業者は視覚障害者のその場のニーズに応じて、援助を適切に把握することも大切です。

**図9-23**　状況説明は視覚障害者の不安を軽減し、その場に適した動作をとりやすくします。

**ONE POINT**

### ➡ 周囲の情報説明はメンタルマップ作成の手助けにもなります

安全確保のための状況の説明以外にも、咲いている花や天気を話題にすることによって緊張をほぐすことは、視覚障害者の自然な動作を促すうえで有効です。

周囲の状況の説明は、安全確保に役立つことはもちろん、「いま、どのあたりを歩いているのか」、「どのくらいの時間で着くのか」といったことを視覚障害者が考える目安となりますから、メンタルマップ作成の手助けにもなります。

**図9-24**　周囲の説明は視覚障害者が移動状況を考える目安となります。

ただし、楽しい会話も大切ですが、夢中になって「おしゃべり」し過ぎるのも禁物。話しながらも常に安全確認はおこたらないようにしましょう。

# §2 ● 階段の昇降、歩道の段差、溝をまたぐとき

## Ⓐ 上り階段での介助は順序よく

原則として、基本姿勢で階段を上ります。次の手順で行います。

### 1）階段に対して正対することが基本

同行援護従業者は、視覚障害者の白杖、または、つま先が最初のステップ（踏み面）の側面（階段の壁面）につくよう誘導します。こうすることで視覚障害者は、階段の１段目ということを認識できます。階段の前に立つときは、視覚障害者が足を踏み外すことがないように必ず段差に正対（正面に向くように）して立ちましょう。同行援護従業者が立ち止まる位置は不規則な段差の階段であっても、らせん階段であっても、基本的に同じです。

### 2）「上り階段です」と視覚障害者に説明します

階段の前では、いきなり上り出さずに一旦停止。このとき、「上り階段です」と説明します。歩行中に前方にある階段を見つけて、「もうすぐ階段です」などと伝える必要はありません。「上り」、「下り」は必ず伝えます。必要に応じて、段数や１段の高さも伝えます。

### 3）同行援護従業者が先に片足を１段目に乗せて停止します

階段を上るときは、同行援護従業者が先に上がります。階段の高さと位置を把握してもらうために片足を１段目にかけて、一旦停止します（**図9-25**）。視覚障害者は止まったままです。ただし、歩行に慣れている視覚障害者は、この一旦停止の手順が必要でない場合もあります。

また、同行援護従業者は、自分がどちらの足から踏み出したかが視覚障害者にわかるよう伝える工夫をするか、どちらの足から踏み出すかを口頭で伝えてから階段の誘導を始めましょう。

なお、上る際は、足運びにも注意しましょ

❍ **図9-25**　階段の前で一旦停止し、同行援護従業者が一段上を進みます。

う。例えば、視覚障害者が右足を段差にかけたら、同行援護従事者も同じように右足をかけるようにします。左右の足運びがずれていると、バランスを崩す危険があるためです。

### 4）視覚障害者が階段の位置を確認します

　階段の位置を確認する方法には、白杖を当てる方法と視覚障害者が片方の足をすり足で階段に近づける方法があります。視覚障害者が階段の位置を確認するまで、同行援護従業者は待ちます。視覚障害者が焦っているときは、落ち着いて階段の位置を確実に把握するように伝えます。周囲の人を気にして、急がせてはいけません。

### 5）「上りましょう」と伝えてから、階段を上ります

　視覚障害者の準備ができたら、動き出すことを伝え、階段を上ります。このとき、同行援護従業者は視覚障害者の1段先を進みます。

　階段の昇降では、1段ごとに両足を乗せてゆっくり上る視覚障害者と、1段に片足ずつ乗せてテンポよく上る視覚障害者がいます。どちらの方法で上るのかは事前に話し合っておきましょう。1段ごとに両足を乗せて上る方法は時間がかかりますが、視覚障害者の体力や健康状態を見て、安全な方法をとります。焦らせて、1段に片足ずつ乗せて上る方法を強要してはいけません。

### 6）先に上り終えた同行援護従業者は半歩前で停止し、「終わりです」と伝えます

　1段先を上っている同行援護従業者が、階段を上りきったその場で停止すると視覚障害者の立つ場所がなくなります。同行援護従業者は視覚障害者が両足をついて立つスペースを確保するため、半歩前に進んだ位置で停止しましょう。そして、視覚障害者の両足が階段を上りきったことを確認してから、「階段は終わりです」と声をかけます。

## Ⓑ 下り階段では最初のステップの確認が重要です

　下り階段の介助は、次の手順で行います。

### 1）階段に正対することが基本

　上り階段と同様に、階段に正対（正面に向くように）するように立ちます。

### 2）「下り階段です」と視覚障害者に説明します

　階段の前では、いきなり下り出さずに一旦停止し、「下り階段です」と説明します。その階段が「下り」であることを、必ず知らせましょう。「上り」と「下り」ではバランスの対処がちがってきます。

### 3）同行援護従業者が先に片足を1段下ろして停止します

　階段を下るときは、同行援護従業者がまず1段下ります。視覚障害者は止まったままです。上り階段の場合と同じ理由から、同行援護従業者が先に片足を1段下ろしますが、視覚障害者によってはこの手順を必要としない人もいるので確認してください。

### 4）視覚障害者が階段の位置を確認します

　同行援護従業者は、視覚障害者のつま先が階段の縁につくように誘導します。

　一般的に、「下る」という行為は「上る」よりも心理的な不安が大きいといわれています。どちらも前傾して進みますが、「下る」ときの前傾は落下に直結するという危険を大きく感じるからでしょう。視覚や視野に障害がある場合、その不安はさらに高まります。ですから、下り階段においては最初の1段目はとくに注意が必要です。不安の軽減と安全の確保を第一に考えましょう。

　最初のステップを踏み外さないように、視覚障害者には十分に確認してもらい、同行援護従業者はゆとりをもって待ちましょう。なお、上り階段のときと同様、階段の位置の確認方法には、白杖を当てる方法と片足をすり足で階段の端に近づける方法があります。

### 5）「下りましょう」と伝え、階段を下ります

　視覚障害者の準備ができたら、「下りましょう」とスタートを伝え、階段を下ります。同行援護従

◉ 図9-26　足が踏み面についているかどうか確認します。

123

業者は視覚障害者の1段先を下ります。階段の下りでは、同行援護従業者、視覚障害者ともに土踏まず、あるいは、かかとに重心をおいて、前傾しすぎないように身体を安定させます。

　下り階段は、視覚障害者が恐怖心や苦手意識を抱きやすい場所です。身体のバランスをとることがむずかしく、少しのふらつきでも転落事故の危険があります。同行援護従業者は、視覚障害者の足が踏み面にしっかりついているかどうか確認しましょう（**図9-26**）。視覚障害者が焦っている、と感じたときは、落ち着くように伝えます。

## ONE POINT

### ➔ 上り下りの終了時には必ず「終わりです」と説明をします

　視覚障害者が階段を上り終えたときも、下り終えたときも、同行援護従業者は「終わりです」と必ず説明します。これは、視覚障害者が空踏みをして身体のバランスを崩したり、不安を抱かないようにするためです。

　踊り場についた場合も、視覚障害者が踊り場に両足をついたことを確認してから停止、「踊り場です」と伝えます。逆に、人ごみを避けて階段の途中で一旦停止した場合は、視覚障害者が「階段が終わった」と勘違いしないように、まだ階段が終わっていないことを伝えます。

➔ **図9-27**　上り途中・同行援護従業者は1段先の状態。

➔ **図9-28**　上り終えて停止し、「階段は終わりです」と説明します。

## C 手すりのある階段や不規則な階段などでの介助

### 1）手すりのある階段での介助

　安全の確保や視覚障害者の不安を軽減するためにも、手すりのある階段では手すりを利用するようにします。手すりで身体を支えることは、歩行が不安定な視覚障害者の足元を安定させ、通行人との接触にも対処しやすくなるという利点があります。視覚障害者が手すりを使用しない場合は、同行援護従業者が手すりを利用しても歩行が安定します。

　手すりを利用した場合の介助は、次の手順で行います。

①階段に正対して近づき、停止します。

②「上り（下り）階段です」と視覚障害者に伝えます。

③「手すりを利用しますか」と視覚障害者に確認し、利用する場合には視覚障害者の手を手すりに導きます。このとき、視覚障害者は同行援護従業者につかまっていないほうの手（白杖を持つ手）で手すりにつかまりますが、手すりを利用するために、白杖を持つ手をかえたり、または、白杖を持った手で同行援護従業者の腕をつかみ直し、空いた手で手すりにつかまるという方法をとります。ただし、同行援護従業者と視覚障害者が離れてはいけません。

④同行援護従業者が片足を1段上げて（下ろして）停止します。

⑤視覚障害者が階段の位置を確認します。

⑥同行援護従業者は「上り（下り）ましょう」と視覚障害者に伝え、階段を上り（下り）ます。

⑦視覚障害者が上り（下り）終えたら停止し、階段が終わったことを伝えます。

### 2）混雑した階段

　駅などの混雑した階段では、通行人に押される、白杖が人に当たるなどのおそれがあり、危険が増します。少しバランスを崩しただけでも、転落事故などにつながることがあるので、常に視覚障害者の周囲に目を配り、注意する必要があります。

　視覚障害者には、白杖を身体の前方で構えて周囲の人に当たらないようにしてもらい、手すりを利用して階段を昇降しましょう。

　同行援護従業者が歩行介助をする場合は、視覚障害者は手すりを利用するために白杖を身体の前方で構えるのではなく、白杖を持った手で同行援護従業者の腕をつかむという方法をとります（**図9-29**）。

　また、人の流れに乗ろうとして焦ると、階段の踏み外しやふらつきなどを招きます。駅の階段では、電車の発着時に混雑する傾向があるので、人の流れがおさまるのを待ってから階段を昇降するとよいでしょう。

### 3）不規則な階段でも同行援護従業者が1段先を進むのが基本

　公園や寺院やハイキングコースなどで見られる「段差も踏み面の幅も不規則な階段」では、次の手順にしたがって慎重に1段ずつ移動したほうが安全です。

　①階段の最初のステップに正対（正面に向くように）して近づき、停止します。

　②「不規則な段差の上り（下り）階段です」などと、状況の説明をします。

　③視覚障害者が階段の位置を確認します。

　④「上り（下り）ましょう」と視覚障害者に伝え、1段上り（下り）ます
　　（**図9-30**）。

　⑤視覚障害者が両足をステップに乗せるたびに一旦停止し、身体の向きが次
　　の段差に正対するように修正します。

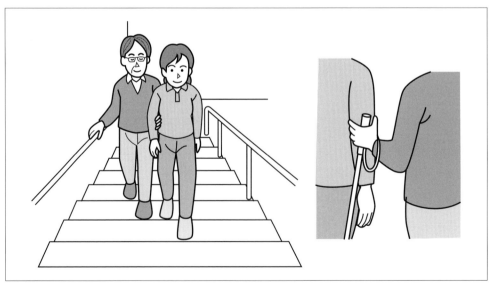

**◯ 図9-29**　視覚障害者の手を手すりに導くと安　　白杖をつかむ腕に持ちかえることもあり
　　　　　　定します。　　　　　　　　　　　　　　ます。

不規則な階段でも、同行援護従業者が1段先を進むのが基本です。しかし、段差が大きい階段では、視覚障害者と一緒に同じ段を上り（下り）ます。これは、バスのステップなどでも用いる方法です。1段の段差が大きい階段では、同行援護従業者が先に行くと視覚障害者との身長差が広がり、視覚障害者を引っ張る姿勢になって危険だからです。

⊃ **図9-30**　段差が大きい階段では横に並んで一緒に上がります。

⑥視覚障害者が上り（下り）終えたら停止し、「階段は終わりです」と伝えます。

　これらの方法は、踏み面が広く、1段に片足ずつ乗せながらテンポよく昇降することが難しい階段でも使用することができます。

### 4）らせん階段を使用するとき

　らせん階段は階段のカーブに合わせて曲がりながら上り下りをするため、通常の階段よりも慎重に移動しましょう。らせん階段はカーブの内側は踏み面の幅が狭く、外側が広くなっているので、視覚障害者が足を踏み外すことがないように同行援護従業者が内側を歩き、視覚障害者が外側を歩くほうが安全です（図9-31）。また、らせん階段での昇降は、外側を移動する視覚障害者と内側を移動する同行援護従業者の動きがそろわないので、慎重に声をかけながら昇降しましょう。

　らせん階段の同行援護は、次の手順で行います。

①階段に正対して近づき、停止します。

②「らせん階段の上り（下り）階段です」と視覚障害者に伝えます。

③手すりがある場合は、あらかじめ視覚障害者に説明しておき、視覚障害者の手を手すりに導きます。

④視覚障害者が階段の位置を白杖や足を使って確認します。

⑤同行援護従業者は「上り（下り）ましょう」と視覚障害者に伝え、1段上

り（下り）ます。

⑥視覚障害者が上り（下り）終えたら停
　止し、階段が終わったことを伝えま
　す。

➡ 図9-31　らせん階段では視覚障害者が
外側を歩く方が安全です。

---

**ONE POINT**

### ➡ 視覚障害者が１人で階段を昇降するとき（手すりがある場合）

　障害の程度や視覚障害者の習慣、使用する階段の状況によって、視覚
障害者が１人で階段の昇降を行うこともあります。その場合、同行援護
従業者は階段までの誘導と状況説明、見守りなどをします。具体的な手
順は、次のとおりです。

①階段に正対（正面に向くように）して近づき、停止します。

②「上り（下り）階段です」と視覚障害者に伝えます。

③視覚障害者の手を手すりに導きます。

④視覚障害者は同行援護従業者から手を離して手すりを伝いながら前
　進し、白杖もしくはつま先で階段の最初のステップを確認します。

⑤視覚障害者が自らのペースで上る（下る）のを同行援護従業者は１
　段下から見守ります。同行援護従業者が視覚障害者を１段下から見
　守るのは、視覚障害者の転落事故に備えるためです。

⑥視覚障害者が階段を上り（下り）終えたら、「階段は終わりです」と
　伝えます。

## Ⓓ 段差の昇降は移動中に頻繁にあります

　段差にはいろいろなものがありますが、ここでいう「段差」とは、歩道と車道を区別した段差のことです。段差の昇降は、歩行介助中に頻繁に出会います。具体的な介助の手順は次のとおりです。

### 1）同行援護従業者は段差の手前で一旦停止します

　歩行に慣れている視覚障害者のなかには、速度をゆるめる程度で段差を越えられる人もいます。しかし、とくに要望がない場合は、この「一旦停止」を省いてはいけません。

### 2）視覚障害者に段差の説明をします

　段差の大きさを同行援護従業者が言葉で説明したり、視覚障害者が白杖で段差を確認したりします。具体的に高さを知らせなくても「歩道から車道に下ります」という説明だけで、状況を理解できる視覚障害者もいます。

### 3）段差の「上り」、「下り」を視覚障害者に伝えます

　段差では、「上ります」、「下ります」とはっきり伝えなければいけません。上りと下りでは足の動きが異なり、また、白杖の使い方も違う場合があるからです。

### 4）段差に正対しているか、確認します

　段差に対して身体が斜めに向いていると、同行援護従業者と視覚障害者の歩幅が違ってしまい、つかまっている腕から同行援護従業者の動きを感じとっている視覚障害者が足を踏み外す危険があります。また、段差に対して斜めに立っていたために、左右の足の歩幅が違ってしまい、視覚障害者が転倒することもあります。晴眼者にとっては意識したこともないような注意点ですが、段差に正対することはとても重要です（**図9-32**）。

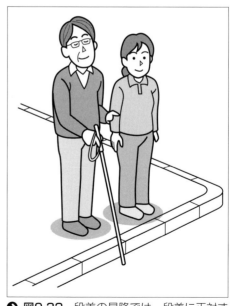

❷ **図9-32**　段差の昇降では、段差に正対することが重要です。

### 5）段差を越えたら停止します

　晴眼者の感覚ではあまり注意する必要のないようなわずかな段差であっても、視覚障害者にとっては転倒の原因となるものは屋内にも屋外にも数多くあります。段差を越えたら一旦停止することが原則です。

### Ｅ　溝などをまたぐときのポイント

　水たまりや高い敷居といった障害物をまたぐ場合は、次のような方法をとると安全です。

①溝などの手前で停止します。

②「溝をまたぎます」などと声かけをします。その際、踏み出す幅を伝えることも必要です。踏み出す幅が広い場合は視覚障害者に白杖を使って確認してもらうか、同行援護従業者が声かけをしながら白杖に手を添えて足のつく位置を確認しましょう。

③同行援護従業者と視覚障害者が溝などに正対して、横一列に並びます。

④視覚障害者と同行援護従業者が一緒に溝などをまたぎます。高い敷居をまたぐときは、同行援護従業者が先に敷居を越えます。その後、視覚障害者が完全に敷居を越えたことを確認してから歩くようにすると、もし視覚障害者がバランスを崩しかけたとしても、同行援護従業者がしっかりと支えることができます。

# 第10章

# 歩行介助の応用技能

## I 状況別の歩行介助

### §1 ● 混雑している場所やドアを通過するときなど

**A** 混雑している場所では焦らずに通過しましょう

混雑している場所では歩きにくいために、白杖が人に当たってしまったり、衝突や転倒などの事故のおそれがあります。

次にあげるポイントに留意しましょう。

①同行援護従業者の腕をしっかりとつかんでもらい、周囲の人に白杖が見えやすいように配慮しましょう。

②周囲の状況をよく説明し、視覚障害者に不安のないように移動します。

③速度を上げると安全確認と危険の回避が間に合わない場合があります。一旦停止や、通路の端に避けて待つことも考え、焦らずに通過しましょう（**図10-1**）。

④まっすぐに進むように心がけます。人を避けて蛇行しながら移動すると、視覚障害者が通行人や障害物と衝突する危険があります。

● **図10-1** 混雑は端に避けて待つことも考え、焦らず通過しましょう。

### Ⓑ 狭い通路の通過には縦一列と横一列の歩行があります

　たとえば劇場の座席に着席するために通路を通過する場合や、店の商品が道路まではみ出して陳列されている商店街を通過する場合などでは、基本姿勢のままで視覚障害者と同行援護従業者が通過することが難しいこともあります。そのようなときは、次のような介助方法での歩行を検討しましょう。

#### 1）縦一列に並んで進むときの介助方法

①同行援護従業者は狭い通路の手前で一旦停止。「狭いところを通ります」と声かけをします。

②同行援護従業者は視覚障害者がつかんでいるほうの腕を身体のななめ後ろに向けるようにして、視覚障害者と同行援護従業者が縦一列に並ぶように導きます（**図10-3**）。

　同行援護従業者が視覚障害者を振り返るように身体の向きを変えてしまうと、視覚障害者が進行方向を間違えてしまうことがあるので、身体を正面に向けたままの姿勢を保ちます。

❷ **図10-2**　視覚障害者がつかんでいる腕を同行援護従業者の肩に移動させ、縦列に並ぶ方法もあります。

❷ **図10-3**　同行援護従業者は無理にL字型に腕を固定せず、自然な姿勢で。

③視覚障害者が同行援護従業者の後ろに立って、90度ほどに曲げていた腕を伸ばします。こうすることによって、視覚障害者と同行援護従業者の間に

適度な間隔が保たれ、縦一列に並んで移動しても踏み出した足がぶつかって転倒する事故を防ぐことができます。

④同行援護従業者は、視覚障害者の準備ができたことを確認し、声かけをしてから障害物に注意しながら進みます。

⑤狭い通路を通り抜けたら、同行援護従業者は声かけをしてから一旦停止し、腕を身体の横に動かし、視覚障害者を基本姿勢に導きます。

　上記の方法は、一般的な方法ですが、狭い場所を通過する方法として、同行援護従業者の手首を視覚障害者がつかむこともあります。また、視覚障害者は基本姿勢のまま、同行援護従業者だけが横向きまたは半身になって視覚障害者と前方に注意しながら進む方法もあります（**図10-4**）。

● 図10-4　同行援護従業者だけが横向きや半身になって進む方法もあります。

## ２）横一列に並んで進むときの介助方法

　劇場やホール、野球場などでたくさんの座席の間を進むときなどは、横一列に並んで移動します。

①同行援護従業者は、狭い通路の手前で一旦停止。視覚障害者に「狭い通路を通ります」などの声かけを行います。

②同行援護従業者は視覚障害者と横一列に並ぶように導きます。このとき、視覚障害者が同行援護従業者の腕を離さないように注意します。

③お互いの隣り合った手の甲を触れ合わせます（**図10-5**）。つかんでいた腕を伝うようにして、視覚障害者に同行援護従業者の手の甲まで手を下ろしてもらうか、同行援護従業者が視覚障害者の手をとり、自分の手の甲の位置まで導きます。手の甲を触れ合わせるので

● 図10-5　視覚障害者に同行援護従業者の手の甲まで手を下ろしてもらいます。

はなく、手を握り合う、または、腕につかまってもらっている姿勢のまま移動をしてもかまいません（**図10-6**）。

④その姿勢のまま、横歩きをして移動します。手の甲が離れないように、視覚障害者のペースに合わせて移動します。

⑤狭い通路の移動が終わったら一旦停止。基本姿勢に戻るなど、次の動作の説明をします。

○ **図10-6**　腕につかまってもらっている姿勢で移動してもかまいません。

## §2 ● ドアを通過するとき

ドアにはいろいろなタイプのものがあり、視覚障害者にとっては安全な歩行の妨げとなる場合もあります。視覚障害者がドアや壁などにぶつからないように、同行援護従業者はそれぞれのドアの特徴を理解して、よりスムーズに対応できるよう同行援護していく必要があります。

### Ⓐ 手前に引いて開くドアを通過するとき

介助を行いながらドアを通過する際には、視覚障害者がドアにぶつからないように注意しなければなりません。ドアの開閉は視覚障害者と協力して行います。同行援護従業者は視覚障害者の主体性を尊重し、視覚障害者ができることは自分でやってもらうことが大切です。

手前に引いて開くドアを通過する際の介助は、次の手順で行います。

①ドアの手前で一旦停止。「左手前に引いて開くドアです」など、ドアのタイプを視覚障害者に説明します（**図10-7**）。

②ドアノブ側に同行援護従業者、蝶つがい側に視覚障害者が立つように、必要ならば位置交換をします。ドアの通過でもっとも危険なのは、視覚障害者がドアノブ側の壁の角にぶつかることです。それを防ぐために、ドアノ

ブ側には同行援護従業者が立つようにします。

③同行援護従業者がドアノブに手をかけ、視覚障害者とともに後ろに少し下がってドアを開きます。ドアはいっぱいに開き、通過する幅を確保するように心がけましょう（**図10-8**）。

④同行援護従業者がドアを開く前に視覚障害者の白杖を預かっておくと、視覚障害者がドアノブを持ちやすくなるという場合もあります。

⑤同行援護従業者が視覚障害者の手をドアノブまたはドアの端に導きます。

　視覚障害者はドアに触れることで、ドアや壁にぶつからないようにする、ドアを閉めるときに裏側のドアノブを探し当てやすくする、ドアを通過したことを実感することができます。

➡ **図10-7**　白杖を預かる場合はドアの前で停止し、ドアのタイプを視覚障害者に伝えます。

➡ **図10-8**　同行援護従業者は意識的に大きくドアを開けます。自分が通る幅と、隣に人がいるときの幅は想像以上にちがいます。

　手などが不自由でドアを閉めることが困難な視覚障害者の介助の際は、同行援護従業者が開閉を行いますが、そうでない場合は視覚障害者にドアを閉めてもらい、積極的に協力してもらいます。そうすることで、視覚障害者は一方的に介助される存在ではなくなり、主体性や自立・外出への意欲の芽生えを促すことにもつながります。

⑥「入ります」、「出ます」など視覚障害者に声をかけて進みます。視覚障害者がドアや壁にぶつからないように注意しながら、ゆっくりと進みます。

　同行援護従業者は頭上にも目を配り、背の高い視覚障害者が頭をぶつけないようにしましょう。

⑦視覚障害者は手に触れていたドアノブまたはドアの端を伝って裏側のドアノブまたはドアの端に持ちかえます。同行援護従業者は、視覚障害者がドアを閉めるまで停止して待ちます（同行援護従業者は進行方向を向いたまま、停止して視覚障害者を待ちます。視覚障害者のほうに身体ごと振り返ってしまうと、視覚障害者が進行方向や同行援護従業者との間隔を誤解するおそれがあります）。ドアクローザー付（ゆっくりとドアがしまるタイプ）の場合は、そのまま通り抜けます。

⑧視覚障害者がドアを閉めたことを確認し、進みます。同行援護従業者は身体を視覚障害者に向けて振り返ってはいけません。

　開放しているドアを通過する際は、このような開閉の手順は必要なくなりますが、「ドアを通過します」、「部屋に入ります」というような説明は必要です。説明なしにドアを通過してしまうと、視覚障害者はドアを通過したことを実感できずに現在位置がわからなくなってしまうおそれがあります。

## Ⓑ 前方に押して開くドアを通過するとき

　ドアを前方に押して開くドアを通過する際の介助は、次の手順で行います。

①ドアの手前で一旦停止。「前に押して開くドアです」などドアのタイプを視覚障害者に説明します。

②ドアノブ側に同行援護従業者、蝶つがい側に視覚障害者が立つように、必要ならば位置交換をします。

③「入ります」、「出ます」など視覚障害者に声をかけ、同行援護従業者がドアを押し開きながら視覚障害者とともにゆっくり前進します。

④視覚障害者の手をドアノブに導きます（**図10-9**）。慣れている視覚障害者の場合は、ゆっくり前進しながら手をドアノブへ導くことができます。そうでない場合は、停止してもよいでしょう。

⑤同行援護従業者は視覚障害者がドアを通過したら停止します。視覚障害者がドアノブを持ちかえ、ドアを閉める時間をつくるために、同行援護従業

者は停止して待ちます。このとき、同行援護従業者は、進行方向に身体を向けています。

⑥視覚障害者は裏側のドアノブに持ちかえ、ドアを閉めます。

→ **図10-9**　同行援護従業者はドアノブを視覚障害者につかんでもらいます。

### ● 引き戸を開けて通過するとき

引き戸を通過する際の介助は、次の手順で行います。

①引き戸の手前で一旦停止。「右側に引く戸です」などドアのタイプを視覚障害者に説明します。

②戸の引き手側に同行援護従業者、戸袋側に視覚障害者が立つように、必要であれば位置交換をします（**図10-10**）。視覚障害者と同行援護従業者の位置を交換するのは、引いて開くドア・押して開くドアのときと同様の理由からです。

③同行援護従業者が戸を引きます。「入ります」、「出ます」など視覚障害者に声かけをして進みます。このとき、引き戸には足元に敷居やレールがあることを忘れてはいけません。視覚障害者が転倒しないように、同行援護従業者は一旦停止して視覚障害者に注意を促してから進みます。

④視覚障害者の手を戸の引き手または戸の端に導きます。視覚障害者は戸に触れたまま通り抜けます。

⑤視覚障害者は、戸に触れていた手を裏側の引き手または戸の端に持ちかえて引き戸を閉めます。閉める戸の幅が広い場合は、その場から横に数歩移動します。このと

→ **図10-10**　戸の引き手側に同行援護従業者、戸袋側に視覚障害者が立ちます。

き、同行援護従業者も一緒に動きます。

⑥同行援護従業者は、視覚障害者が戸を閉めるのを停止して待ち、戸が閉まったことを確認してから進みます。

### Ⓓ スイングドアを通過するとき

スイングドアとは、押しても引いても開くドアで、自然に閉まります。スイングドアを通過する際は、次の手順で行います。

①ドアの手前で一旦停止。「スイングドアです」などドアのタイプを視覚障害者に説明します。

②ドアの持ち手側に同行援護従業者、蝶つがい側に視覚障害者が立つように、必要があれば、位置交換をします。

③「入ります」、「出ます」など視覚障害者に声をかけ、同行援護従業者はドアを押し開きながら前進します。

④視覚障害者の手をドアに導きます。このとき、2人ともドアを離してしまう瞬間がないように注意しましょう。スイングドアは手を離すと自然に閉まります。目が見えている人はドアを避けたり手で押さえたりして衝突を防ぐことができますが、視覚障害者には難しい動作です（視覚障害の程度によります）。衝突を防ぐことができないと、勢いよく閉まるドアとぶつかってケガをしてしまいます。

　手を導く位置はドアの持ち手が一般的ですが、スイングドアには持ち手がない場合があります。そのときは、視覚障害者が腰の高さあたりでドアを押さえることができるようにすると、安定します。

⑤視覚障害者はドアが閉まらないように支えながら通過します。通過した後、いっぱいに開ききったドアをそのまま離すと、スイングドアは何度か揺れることがあります。同行援護従業者は、反動で戻ってきたドアが視覚障害者にぶつからないように気をつけましょう。

### Ⓔ 自動ドアを通過するとき

自動ドアは開閉の手順の必要はありませんが、ドアを通過することを視覚障

害者に伝えることは必要です。自動ドアを通過する際は、次の手順で行います。

①ドアの手前で一旦停止。「自動ドアです」などドアのタイプを視覚障害者に説明します。プッシュ式の自動ドアの場合は、そのことを視覚障害者に伝え、先行する同行援護従業者がボタンを押しましょう。

②ドアが開ききったことを確認してから前進します。自動ドアが完全に開くのを待たずに前進すると、視覚障害者がドアにぶつかるおそれがあります。同行援護従業者は、常に２人分の幅を確保して歩行するという基本を忘れてはいけません。間口が狭い場合には、視覚障害者の手をドアの端に導いて幅を確認してもらいながら通過しましょう。

### Ⓕ そのほかのケース

　遊園地のゲートなどでは、腰ほどの高さに回転するバーが設置されていることがあります。これは１人ずつ通過する幅しかないので、構造を視覚障害者に説明して先に通過してもらい、すぐ後を同行援護従業者が通過し、出たところで待っていた視覚障害者と基本姿勢に戻るようにします。そばに係員がいる場合は係員にゲート内への誘導を依頼することも検討しましょう。

## §3 ● エスカレーターとエレベーターを使った移動

### Ⓐ エスカレーター使用は不安への配慮が大切

　エスカレーターは高齢者や歩行が不安定な人にとって、階段よりも安全に垂直移動ができる手段の１つですが、苦手意識をもっている視覚障害者も少なくありません。それは、動いている段差に足を乗せる動作に対して不安をもつことが大きな理由ですが、その後の下りる動作にも恐怖感が生じます。エスカレーターが苦手な視覚障害者に対しては、無理強いせずにエレベーターか階段で移動しましょう。

　ここでは、一般的なエスカレーターの介助の手順を見ていきます。

#### 1）視覚障害者と同行援護従業者が並んで乗る場合

　エスカレーターに２人分の幅があり、片側を空ける必要のない場合は、視覚

障害者と同行援護従業者が並んで乗ることができます。

①エスカレーターに正対して、手前で一旦停止。同行援護従業者は床にあるアルミ板の端に立ち、視覚障害者が横に並ぶように導きます（**図10-11**）。

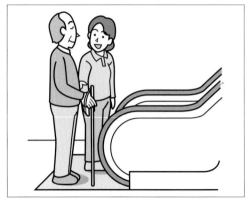

● **図10-11**　同行援護従業者は床にあるアルミ板の端に立ち、視覚障害者が横に並ぶように導きます。

②「上り（下り）のエスカレーターです」と説明し、視覚障害者の手をエスカレーターのベルトに導きます（**図10-12**）。ベルトをつかむことで、ふらついた際に自分で身体を支えることが可能になります。同行援護従業者も視覚障害者がつかまっているベルトと反対側のベルトをつかむと、さらに安定します。視覚障害者のなかにはエスカレーターの速度に身体がついていかずにふらつく人もいるので、同行援護従業者は視覚障害者

● **図10-12**　白杖を持ちかえてもらい、視覚障害者の手をエスカレーターのベルトに導きます。

がバランスを崩しても対応できるように準備しておきましょう。ベルトの傾斜によって、エスカレーターの始まりと終わりを判断できる視覚障害者もいます。

③「乗ります」と視覚障害者に声をかけて横に並んで同時に乗り、その後、同行援護従業者は視覚障害者の1段先に移動します。横に並んで視覚障害者と同行援護従業者が一緒に乗りこむと、視覚障害者がタイミングをとりやすくなります。

④視覚障害者はベルトをつかんだまま、足（もしくは白杖）でアルミ板とエスカレーターの継ぎ目を確認してステップに足を乗せます。慣れていない

● 図10-13　同行援護従業者は、視覚障害者の一段先に乗ると基本姿勢を保ちやすくなります。白杖はステップに乗せず、宙に浮かせておきます。

　視覚障害者は段差を越えるときのように足を上げることがありますが、エスカレーターは、はじめは平坦なので足を高く上げる必要はありません。

　同行援護従業者は、必要があれば、視覚障害者に普通に足を踏み出すように伝えましょう。同行援護従業者が視覚障害者の１段先に乗ると、基本姿勢を保ちやすくなります。また、同行援護従業者の身体の動きから視覚障害者がエスカレーターの傾斜を判断する材料の１つになります。

⑤同行援護従業者は、視覚障害者の足がステップの中央にあることを確認し、乗っていないようなら段差がつきはじめる前に誘導しましょう。中途半端にステップに乗っている状態だと、エスカレーターが進んで段差がつきはじめたときにふらついてしまいます。

⑥下り口が近づいたら下りる直前に「下ります」と視覚障害者に声をかけます。エスカレーターが終わりに近づいてきたら、どちらか一方の足を前に出し、つま先をすこし上げておいてもらうと、エスカレーターが終わったときに床とステップの継ぎ目でつまずくことを防止できます。

## 2）視覚障害者と同行援護従業者が並んで乗らない場合

　エスカレーターのステップが1人分の幅しかないときは、視覚障害者と同行援護従業者が前後に並んでエスカレーターを使用します。また、片側を空けて乗る必要がある場合も同様です。視覚障害者と同行援護従業者はエスカレーターの使用中、手を離すことになるので、視覚障害者が不安を感じるようであれば、エレベーターか階段の利用を検討します。

①エスカレーターの手前で一旦停止。視覚障害者をエスカレーターに正対するよう導きます。

②「上り（下り）のエスカレーターです」と視覚障害者に説明します。1人分の幅しかないことや片側を空けて乗るエスカレーターであることを説明しましょう。

③視覚障害者の手をベルトに導き、ふらつきや転落に備えるため、同行援護従業者が視覚障害者の1段下を行くように準備します。下りエスカレーターの場合は同行援護従業者が視覚障害者の前につくようにします。ただし、人によっては、同行援護従業者が常に先行して、下りた場所で視覚障害者を待っていたほうがよいという人もいますので、視覚障害者の意向にしたがいましょう。

④視覚障害者はベルトにつかまったまま前進し、足でアルミ板とエスカレーターの継ぎ目を確認します。視覚障害者は、足でステップが出てくるタイミングを計ってエスカレーターに乗ります。同行援護従業者は視覚障害者の足がステップの中央に乗っていることを確認します。

　　同行援護従業者が先に乗るか、後に乗るか、視覚障害者に伝えることを忘れてはいけません。同行援護従業者がどこにいるのかを明示しないと、視覚障害者は不安を感じるうえに次の動作にも支障が出てしまいます。

　　エスカレーターを下りるときの動作をスムーズにするために、視覚障害者は足を少し前後させてステップに乗ったほうがよいでしょう。

⑤エスカレーターが終わりに近づいたら、視覚障害者はつま先を少し上げて待ちます。

　　エスカレーターが終わりに近づいたことは、ベルトが平らになることで

判断できますが、「エスカレーターが終わります」と声かけをしましょう。

⑥前に出した足の裏に床が入ってきたら、そのまま踏み出してエスカレーターを降ります。そして、基本姿勢に戻ります。

## Ⓑ エレベーターの利用

エレベーターは移動の時間が短縮されるので効率がよく、階段やエスカレーターとは違い転落の危険がないので安全であり、視覚障害者にとっても安心できる垂直移動の手段です。

エレベーターを利用する際は、次の手順で行います。

①エレベーターの手前で一旦停止。「エレベーターです」などと声かけを行います。

②「乗ります」と視覚障害者に声かけをし、エレベーターに乗ります。エレベーターの出入口は狭くなっていることが多いので、場合によっては、狭い通路を通過する方法（**132〜134ページ参照**）を用いて進みます。また、視覚障害者がエレベーターの出入口の端に手を置くと、壁やドアとの衝突を避けることができ、視覚障害者自身も「今、エレベーターに乗った」という感覚がつかめ、出入口を確認することができます。

③エレベーターのなかで、出入口のほうに方向転換します。停止階によって出入口が異なるエレベーターもあるので要注意です。方向転換をするときは、視覚障害者が方向感覚を失うことがないように説明を十分にしましょう。

④「5階に着きました。降りましょう」などの声かけをします。降りる階数を伝え忘れてはいけません。エレベーターは階数を把握することが難しく（音声案内を聞き取ることができれば把握できます）、視覚障害者が現在位置を見失うおそれがあるので注意しましょう。

⑤前進してエレベーターを降ります。降りた階数と方向を視覚障害者と確認します。

# Ⅱ　いすへの介助

## §1 ● さまざまないすへの介助と動作

いすには、背もたれのあるものや、ひじかけのあるものなどさまざまな種類があり、また、1人がけ用から多人数用に座る場合など、視覚障害者がいすを利用する機会もさまざまです。

同行援護従業者は視覚障害者が適切な動作をとれるよう状況説明をします。

### A 背もたれのあるいすへの介助

背もたれのあるいすは、背もたれに触れることによって視覚障害者が座る向きを把握することができます。

①「背もたれのあるいすです」などといすの種類を説明し、いすの手前に導き、一旦停止。

②背もたれがあるいすの場合は、まず背もたれに視覚障害者の手を導きましょう（いすに座るにあたっては、形状や座る向きを把握するうえでも、背もたれがある場合は後ろから近づくほうが動作としては自然です）。

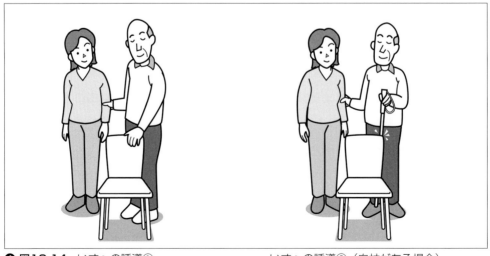

**⊃ 図10-14　いすへの誘導①**　　　　　　いすへの誘導②（白杖がある場合）

③視覚障害者がいすの位置と座る向きを確かめ、着席します。

いすへの介助では、いすの位置、いすのタイプ・高さ、周囲の状況などの説明と見守りが主な介助となります。

同行援護従業者は、視覚障害者の肩をつかんでいすに着席させるような介助をしてはいけません。また、席を立つ際も、視覚障害者の腕を引っ張り上げるような介助は避けるべきです。席を立つときは、視覚障害者に声をかけ、視覚障害者自身が立って、歩行の準備ができるのを同行援護従業者が待つようにしましょう。

また、近くに壁があることや隣の席が近いことなども伝えると、視覚障害者が周囲とぶつかる危険を回避することができます。

### Ⓑ 背もたれのないいすへの介助

丸いすなど背もたれがない場合は、次の手順で介助します。

①いすに近づき、一旦停止。視覚障害者がいすの前に来るように導きます。

②「背もたれのない丸いすです」など、いすのタイプを視覚障害者に伝え、
　視覚障害者の手をシートに導きます。白杖がある場合は、同行援護従業者
　が白杖に手を添えてシートに導きます。また、白杖を垂直に立てた状態で

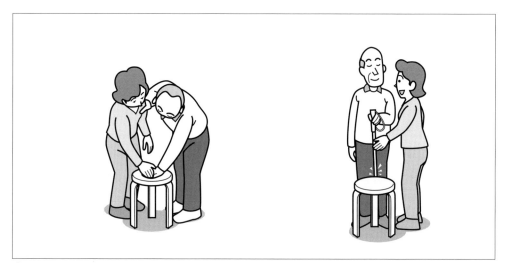

→ 図10-15　視覚障害者の手をシートに導きます。　　白杖がある場合は、同行援護従業者が
　　　　　　　　　　　　　　　　　　　　　　　　　白杖に手を添えてシートに導きます。

シートの縁につけてもらい、シートの高さなどを理解したうえで、視覚障害者の手をシートに導く方法もあります。

③視覚障害者がシートの位置と座る向きを確かめ、着席します。

　病院などで診療を受ける場合には、いすの前に検査器具などがあります。このようなときは、前方に検査器具などがあることを視覚障害者に伝え、同行援護従業者は視覚障害者が頭をぶつけないように手でガードしましょう。

### Ｃ　キャスタの付いたいすへの介助

　キャスタの付いたいすは、いすが前後左右に動いてしまううえに、シートが水平に回転することがあるので、同行援護従業者はいすが動かないように支える必要があります。具体的には、次の手順で行います。

①いすに近づき、一旦停止。「キャスタ付きのいすです」などといすのタイプを視覚障害者に説明します。

②視覚障害者の手（または白杖）を背もたれに導きます。

③視覚障害者がいすの位置と座る向きを確かめて着席する間、同行援護従業者は、いすが動かないように背もたれを持って支えます。

➡ 図10-16　キャスタの付いたいすへの介助

### Ｄ　多人数用のいすへの介助

　電車や病院の待合室など、多数人が座ることができる長いすの場合は、次の手順で介助を行います。

#### １）視覚障害者が１人で着席する場合

①いすの正面に誘導し、一旦停止。「長いすです」などといすのタイプを視覚障害者に説明します。また、背もたれの有無も知らせるべきです。電車などでは隣に人が座っていることを「右側に人が座っています」というように視覚障害者に説明するとよいでしょう。

②着席する位置を視覚障害者に説明します。着席する位置を伝えるにはシートに手を導く方法もありますが、視覚障害者が白杖を持っている場合は、

同行援護従業者が垂直に立てた白杖に手を添えて座席の縁に導いて着席する位置を伝え、そのまま座席の縁に沿って白杖を左右に動かして着席する幅を伝えるようにすると確実です。

③長いすに着席する際には、両隣に座っている人と視覚障害者が接触することがないように、座る位置や幅を正確に伝える配慮が必要になります。

④視覚障害者が１人で着席します。

❷ 図10-17　多人数用のいすへの介助

### ２）視覚障害者と同行援護従業者がともに着席する場合

①いすの正面に誘導し、一旦停止。「長いすです」などといすのタイプを視覚障害者に説明します。

②視覚障害者とともに方向転換します（**116～118ページ参照**）。

　方向転換は、いすから50cmほど離れていると、次の手順でバックするときの距離がそれほどなく、視覚障害者が安心して着席できます。

③視覚障害者と同行援護従業者が一緒にバックしていすに座ります。

　このとき、同行援護従業者が視覚障害者よりも先に着席すると、同行援護従業者につかまっている視覚障害者が着席しやすくなります。

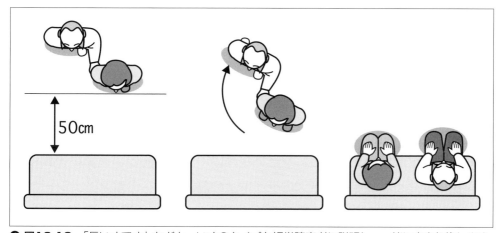

50cm

❷ 図10-18　「長いすです」などと、いすのタイプを視覚障害者に説明し、一緒に方向転換します。

　ここでは方向転換を使って着席しましたが、スペースがない場合や視覚障害者が介助を受けることに慣れていない場合、方向転換の方法を知らない場合は、視覚障害者が1人で着席する場合の方法をとり、視覚障害者に先に腰かけてもらってから、同行援護従業者が隣に着席するようにしましょう。

### 3）いすの前にテーブルがある場合

　喫茶店などでは、いすの前にテーブルがあります。この場合は、テーブルの縁に視覚障害者の手を導いて「テーブルがあります」と伝えるか、言葉による援助を行います。手を導く必要があるかどうかは視覚障害者に聞いて決めておきましょう。どちらにしても、いすと周囲のものとの位置関係を視覚障害者に確実に伝えることが重要です。いすに座る前に、テーブルの下からいすを引き出す動作がありますが、たいていの視覚障害者は、テーブルといすの位置、いすのタイプを伝えれば、自分でいすを引いて座ることができます。

---

## ONE POINT

### ➲ 跳ね上げ式やカウンターのいすに座るとき

- **●跳ね上げ式のいす**　劇場や映画館などに見られる、座席を手で下ろして着席するタイプのいすです。この場合は、視覚障害者にシートを手前に倒して座るいすであることを伝え、シートの端に視覚障害者の手を導きましょう。劇場や映画館などでは座席の前後の間隔が狭いので、座席までは視覚障害者と同行援護従業者は横歩きになって移動する方法（**133～134ページ参照**）をとります。当然、いすに正面から近づくことは無理なので、横歩きのまま座席に近づき、ふくらはぎに座席が触れる位置に誘導して停止しましょう。また、席を立つときに同行援護従業者が先導できるように、あらかじめ左右の座る位置を決めたほうが安全です。
- **●カウンターのいす**　極端にシートが高いカウンターのいすや足を置く場所が高くなっているバスのタイヤ上の座席などへの着席は、シートの位置や足を置く場所を伝えることも必要です。

---

# 第**11**章

# 同行援護の場面別技能

## Ⅰ 食事の介助と同行援護従業者

　視覚障害者の食事の介助にあたって、同行援護従業者が行うことは、飲食店の中の席に着くまでの移動の介助と、テーブルの上にある食事の内容と位置についての説明です。食事をとること自体の介助は、視覚障害者が希望しないかぎりは必要ありません。

### §1 ● 視覚障害者が座席に着くまで

#### Ⓐ 座席に着くまでの介助

　飲食店内などで、視覚障害者が座席に着くまで介助するときは、店内のテーブルの配置などから通路が狭くなっていることがほとんどです。このようなときは、周囲の状況に気を配りながら、狭い通路を通過する方法（**132～134ページ参照**）を用いて誘導しましょう。

　２人分の幅が確保できるような広い店内では、基本姿勢でかまいません。席に着いたら、いすへの介助方法（**144～148ページ参照**）にしたがって、視覚障害者を誘導します。

● **図11-1**　視覚障害者が座席に着くまで介助するとき。

　このとき、低い位置にある照明や周囲にある植物の鉢や床の段差など、障害物の説明を忘れないようにしましょう。また、向かい合って座るか、横並びに座るか、90度の側面にL字型に位置するか、利用者に確認してから席に着きます。視覚障害者が荷物や白杖の扱いに戸惑っているようなら、置く場所について説明することも必要です。

### Ⓑ メニューの選択・確認は自立への意思です

　さて、座席に着くとメニューが配られました。同行援護従業者はその内容を種類別に読んで説明し、視覚障害者に選んでもらうようにしましょう。同行援護従業者は視覚障害者の嗜好を聞いて、それに合った料理を提案してもよいでしょう。たとえば、視覚障害者が「今日はパスタを食べたいと思っています。どんな種類がありますか」と尋ねてきたら、「ミートソース、カルボナーラ……」などのように答え、それらの料金についても説明しましょう。注文を店員に伝えるのは、視覚障害者でも同行援護従業者でもかまいません。その場の状況によって対応しましょう。しかし、セット内容の選択や飲み物を運ぶタイミングなど、注文時の確認事項を店員が同行援護従業者を通して行うことは望ましいことではありません。それは、コミュニケーション能力に障害がない視覚障害者の意思を無視した不必要な介助といえます。

## §2 ● テーブルオリエンテーションで配置をイメージ

　テーブルの上に料理の皿が少しずつ並べられていきます。このサラダはこのフォーク、このスープはこのスプーンで。そんなとき、テーブルの上のものと手がぶつかって料理をこぼしたりすると、衣服を汚したり、やけどをしてしまうこともあります。テーブルオリエンテーションとは、テーブルの上にある皿やコップの位置を視覚障害者に知らせることです。

　手探りでテーブルのものを探すことは視覚障害者を緊張させてしまうので、同行援護従業者は視覚障害者が理解しやすい方法で、適切なテーブルオリエンテーションを行います。テーブルオリエンテーションには、次のような方法が

あります。

### Ⓐ　自分の手で食卓の確認をする人もいます

　人によっては、同行援護従業者の援助を借りずに、テーブルの上を確認し、自然に食事をとることを望む視覚障害者もいます。自分のことはすべて自分で行いたい、自立を望む気持ちは健康な人なら当然のことでしょう。視覚障害者自身がテーブルの上にあるものを確認するやり方は、指を軽く曲げた手を何かに触れるまでテーブルの縁から滑らせるように動かしていきます。そんなとき、同行援護従業者は視覚障害者の安全をしっかりと見守っていましょう。手違いが生じたときに「あっ、それは〇〇ですよ」と機転をきかすだけで、援助の役割を立派に果たします。

🔁 **図11-2**　視覚障害者が直接食べ物に触れてしまわないように、皿の縁などに誘導します。

### Ⓑ　食事の進行をよく観察して適切な言葉で説明します

　同行援護従業者は視覚障害者の手をとり、テーブルの上にあるものに導きながら「オレンジジュースです」などと説明します。視覚障害者の手をとる前に同行援護従業者は声かけをし、唐突に視覚障害者に触れることがないようにしましょう。不用意にコップを倒してしまうような事態を避けるためには、視覚障害者の手の甲を使って目的の事物に軽く触れるようにします。また、上方から皿に触れると料理の中に手を入れてしまうことがありますから、テーブルを伝うように動かしていきます。器が熱くなっているようなときは、視覚障害者が驚いて器を倒したり、やけどしてしまうおそれもあるため、メニューの進行状態をよく観察して言葉による適切な説明を行いましょう。

### Ⓒ　時計の文字盤に見立てて食器等の位置がわかります

　テーブルの上にある皿やコップの位置を、時計の文字盤に見立てて説明して

いく方法もあります。クロックポジションを利用する説明で、視覚障害者の手前を時計の文字盤の６時の位置として説明します。クロックポジションを用いたテーブルオリエンテーションの具体的な方法は、次の手順で行います（**図11-3**）。

①テーブルの大きさを伝えます。テーブルの大きさ（何人がけのテーブルなのか）を伝えることによって、視覚障害者は周囲の状況を把握していきます。

②テーブルの上に置かれているものは、クロックポジションを利用（ものの名前と位置を時刻に置き換えて説明）して視覚障害者に説明します。クロックポジションによる説明を苦手としている視覚障害者に対しては、直接、視覚障害者の手を導いたり「右側にコーヒーです」というように言葉で説明します。同行援護従業者と視覚障害者が向かい合っている場合は、視覚障害者側の左右の位置と同行援護従業者側の左右の位置が逆になります。同行援護従業者は、常に視覚障害者側の左右の位置を意識して説明するようにしましょう。

③視覚障害者の手前の位置が６時であることを伝え、それぞれの皿の位置と内容を説明します。視覚障害者側が６時、向かい側が12時、視覚障害者の右側が３時、左側が９時になります。説明に使用するのは「１時に水の入ったガラスコップがあります」など１時間単位とします。分刻みの説明は細かくなりすぎるので使用しません。左右の位置を説明する場合と同じように、同行援護従業者が視覚障害者と向かい合って説明する場合は３時と９時を間違えないように気をつけましょう。

④視覚障害者以外の人が皿の位置を動かした場合や皿が増えた場合は、そのたびに視覚障害者に説明します。目的の事物を説明するときは、「持ち手がなく、背の高い細身のガラスコップに入っているオレンジジュースです」というように器の形も伝え、料理の種類、材料、盛りつけてある状態を説明する必要もあります。皿の中にメインやつけあわせなど何種類かの料理が盛りつけてある場合は、その皿の中についてクロックポジションを使って説明します。とくに、造花などの食べられない飾りやわさび、マス

　タードなどの刺激物が皿にある場合は、必ず知らせます。

　クロックポジションは、視覚障害者に正確にテーブル上の事物の位置関係を知らせるために有効な方法といえます。しかし、皿が１つか２つしかない場合は「右側にコーヒー、左側にケーキです」といったほうが視覚障害者にとって理解しやすいこともあります。

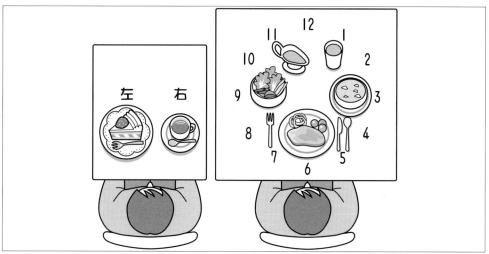

❸ 図11-3　クロックポジションはテーブルの上にある皿やコップの位置を、時計の文字盤に見立てて説明していく方法。

## Ⓓ いろいろな料理が食卓に運ばれてきたら

　料理が運ばれてくると、同行援護従業者はそのたびに皿の位置、料理の内容などを説明していきます。店員が説明をした場合は、それを補足する程度でよいでしょう。料理の盛りつけについて話すときは、「６時にエビフライ、１時にインゲンのソテー、12時にニンジンのグラッセがあります」というように皿の中をクロックポジション（**図11-4**）で伝える方法も有効です。わさびやからしなどの

❸ 図11-4　お皿のクロックポジション

刺激物や、食べることのできない飾りなどは、必ず視覚障害者に伝え、それを取り分けるようにしましょう。また、ソースやドレッシングについても、位置の説明のあと、視覚障害者が希望した場合のみ量を確認してかけるようにします。鍋物や盛り合わせの料理の場合は、何があるのかを視覚障害者に伝え、希望を聞きながら取り分けます。

　テーブルの端など不適切な位置にものが置いてあるときは、安全な位置に動かしましょう。その場合は、不適切な位置にものが置いてあることを視覚障害者に知らせます。

　皿に料理が残っていることに気がつかず、視覚障害者が料理を残しているようならば、「1時の位置にインゲンが1つ残っていますよ」と伝えるなど、細かな気配りもあるとよいでしょう。食事が終わったら、視覚障害者が気づいていない口元の汚れなどを伝えることも必要です。店を出るときは、席までの誘導と同様に、基本姿勢または狭い通路を通過する方法で移動します。

### Ⓔ その他の場合も柔軟に対応しましょう

　レストランの食事では、バイキング方式を利用することもあります。その場合は、基本姿勢を保ちながら料理の置いてあるテーブルを2人で移動し、なおかつ希望の料理を取ることは難しいため、視覚障害者には希望する料理や量を先に決めてもらい、視覚障害者を席に誘導したあとに、同行援護従業者が1人で料理を取りに行くなど、柔軟に対応しましょう。

❷ 図11-5　バイキング方式のレストランでの同行援護従業者と視覚障害者。

# Ⅱ　視覚障害者が安心してトイレを使用できるように

　同行援護を受けながら外出する視覚障害者にとって、トイレは悩みのたねです。同行援護従業者は視覚障害者が安心してトイレを使用できるように事前に配慮し介助することを心がけましょう。また、視覚障害者のなかには遠慮してトイレに行きたいことをいい出せない人もいるでしょう。そうしたことを理解して、視覚障害者の様子を見ながら早めの声かけをしましょう。

## §1　「トイレがありますが、使用しますか」と聞きます

### Ⓐ　トイレを使用する際の介助の手順

　トイレの照明を薄暗くしているところがありますが、そうなるとある程度の視力を保っている視覚障害者でも、周囲の状況把握が困難になってしまうことがあります。視覚障害者が安心してトイレを使用できるように、同行援護従業者は十分な説明を行い、環境衛生面のチェックも目を届かせる必要があるでしょう。トイレを使用する際の介助は、次の手順で行います。

　①視覚障害者にトイレに行くか尋ねます。視覚障害者がトイレの使用をためらっているようなら「トイレがありますが、使用しますか」というように同行援護従業者から視覚障害者に尋ねるとよいでしょう。

　②トイレまで基本姿勢で誘導します。同行援護中は、異性の視覚障害者に付き添っている場合もあります。トイレの使用に際して異性の同行援護従業者がトイレ内まで同行することは困難なため、同性に介助を交代してもらいましょう。デパートなど店員や係員がいる施設では、視覚障害者と同性の店員もしくは係員に介助を依頼する方法もあります。なお、トイレまでの誘導は、男性の小用トイレは正面に誘導して止まり、個室はドアまで誘導します。

　③トイレ内で便器の様式、向き、水洗レバーの位置などの必要事項を説明します。トイレ内の説明で必要なことは、便器の様式（和式・洋式、トール

型・朝顔型など）と位置と向き、水洗の様式（ペダル・コック・自動セン
サーなど）と位置、ドアの施錠方法と位置、荷物をかけるフックや棚の位
置、トイレットペーパーの位置、汚物入れの位置などです。

④トイレの使用中は、同行援護従業者は少し離れたところで視覚障害者を待
つのがマナーです。

⑤トイレを済ませた視覚障害者を手洗いまで誘導します。蛇口の位置やタイ
プ（手をかざすと自動的に水が流れるものやプッシュ式のものなど）を説
明し、視覚障害者が手を洗い終えたら基本姿勢に戻ります。

### Ⓑ 同行援護従業者につかまることを遠慮する人もいます

　視覚障害者のなかには手を洗うまでは同行援護従業者につかまることを遠慮
する人もいます。その場合は、あらかじめ手洗い場の位置を説明しておくか、
同行援護従業者が視覚障害者の手首を持って手洗い場まで誘導します。このと

き、視覚障害者のペースを乱して引
っ張るように誘導してはいけませ
ん。

　同行援護従業者もトイレを使用す
るときは、視覚障害者に先に使用し
てもらい、視覚障害者が手洗いまで
済んだ段階で同行援護従業者もトイ
レを使用することを伝えて待ってい
てもらいます。

❷ **図11-6**　視覚障害者が安心してトイレを使用
できるように配慮し介助します。

**ONE POINT**

**● 同行援護従業者の服装について**

　夏は汗をかきやすいため、視覚障害者と同行援護従業者の肌が直接触れると、双方にとって良い気分ではありません。その状態で基本姿勢を維持していると、視覚障害者も同行援護従業者もお互いに不快な思いをするでしょう。

　それを避けるために、同行援護従業者は、長袖の上着を羽織る、あるいは日焼け止め長手袋を身につけるなどして、不快感の緩和を図る工夫をしましょう。

# Ⅲ　同行援護のさまざまな場面

　同行援護従業者として視覚障害者の同行援護の実際に接すると、さまざまな場面に遭遇します。ここでは、これまで紹介した以外の場面について紹介します。同行援護従業者は、どのようなときでも視覚障害者の安全を守り、人格を尊重することを心がけ、同行援護の基本を組み合わせてニーズに柔軟に対応しましょう。また、どのような同行援護を望んでいるのか、同行援護従業者が判断できないときは、視覚障害者に教えてもらいましょう。

## Ⓐ 買い物の同行援護は視覚障害者のニーズを見定めて

　買い物の同行援護では、視覚障害者のニーズを理解することが大切です。買う品物、予算、希望の店を決めるのは、買い物をする視覚障害者ですから、何よりも視覚障害者の話をよく聞くように努めましょう。

　スーパーマーケットなどの大型の店舗で、店員による商品説明を受けることが難しい店では、同行援護従業者が「６月18日が賞味期限の６個入りパックの卵です」というように商品についての説明をします。小売店のように店員によ

る商品説明が受けられる店では、同行援護従業者はそばで見守りをします。

　店員のなかには同行援護従業者を介して視覚障害者の意向をうかがう人もいますが、視覚障害者と店員が直接やりとりをするように促しましょう。

　衣類などの試着では試着室まで誘導し、試着室のなかにあるものの配置を説明します。カーテン式の試着スペースを利用するときは、そばで待機してカーテンが開くことがないように配慮することも必要です。

　支払いでは基本的に、金銭のやりとり、商品の受け渡しなどのいっさいを視覚障害者と店員の間で済ませることにします。そうした方法が困難なときや視覚障害者から援助の希望があったときは、手助けしましょう。

　同行援護従業者の役割は、視覚障害者の安全の確保です。そのため、手がふさがることがないように、視覚障害者の荷物を持つことは原則として行いません。視覚障害者の荷物が多すぎて困惑しているときには、「大丈夫ですか、持てますか」と声をかけ、荷物を持つことを手伝うか、あるいは、大きな買い物であれば店からの配送サービスの利用を検討します。

❷ **図11-7**　スーパーマーケットなど店員による商品説明を受けることがむずかしい店では、同行援護従業者が商品についての説明をします。

## ❸ 病院での事務代行は視覚障害者の了承が必要です

　同行援護では通院のガイドを依頼される機会もよくあります。この場合、同行援護従業者は視覚障害者の体調や心理に気を配らなければなりません。体調不良のために歩行が不安定になる場合は、視覚障害者と相談

❷ **図11-8**　病院では、受診手続きや診察室までの移動、支払い、薬の受け取りなどさまざまな手順が必要になります。

して、安全な歩行介助の姿勢をとり、タクシーなど交通機関の使用を検討します。

　病院では、受診手続きや診察室までの移動、支払い、薬の受け取りなどさまざまな手順が必要になります。書類の代筆や手続きの代行が必要な場合は行うようにしますが、視覚障害者の了承が必要です。

　また、病状はプライバシーにかかわる情報です。医師が同行援護従業者を親族と間違えて病状の説明をすることがないように、自分の身分を明らかにしておきましょう。病院の掲示板に貼り出されている情報を視覚障害者に伝えることも必要です。

## Ⓒ　金融機関などでの移動にかかわる同行援護ではとくに慎重に

　金融機関や役所を利用する際の同行援護は、視覚障害者のプライバシーにかかわることですから、注意して接するようにしましょう。ATMの利用や書類の記入、各種手続きは、基本的に、係員と視覚障害者で行い、同行援護従業者は視覚障害者のプライバシーにかかわらないように配慮します。

　時間外などで係員の援助が得られない場合は同行援護従業者が介助しますが、その際に知ることになった預金額や契約内容を口外してはいけません。また、印鑑や通帳を預かった場合は、1つずつ確認しながら視覚障害者に速やかに返却します。書類の代筆をする際は、代筆したことによって代理人とみなされることがないように確認することも必要です。

## Ⓓ　集会などでは送迎だけを依頼される場合もあります

　集会や何かの催しなどの同行援護では、送迎だけを依頼される場合もあります。そのときは、時間厳守で視覚障害者を送ることはもちろん、集会の終了時間や待ち合わせ場所を確認して、時間どおりに迎えに行きます。集会などに同行援護従業者も参加する場合は、周囲の状況を説明し、視覚障害者の知り合いに会ったときには「山田さんですよ」と相手の名前を伝えましょう。

　靴をそれぞれの下駄箱にしまわずに一緒において会場に入る場合は、視覚障害者の靴も覚えておき、帰るときに間違わないように気をつけましょう。

# 交通機関での同行援護

## I 自動車やバスなど乗り物を利用する際の介助

### §1 ● 自動車の乗降は十分な説明と安全確認を

　自動車の乗降では、視覚障害者が車内の天井や窓に頭や身体をぶつけたり、車の方向がわからずに逆向きに座ろうとすることを避けなくてはなりません。また、車から降りる際、車と歩道の間を走ってきたバイクや自転車と衝突する危険もあります。同行援護従業者は、視覚障害者に十分な状況説明と安全確認を行わなければいけません。

#### Ⓐ 自動車に乗るときの介助

　自動車に乗る際は、視覚障害者が座る向きを把握できるように介助する必要があります。自動車に乗る際は、次の手順で行います。

①自動車のドアの前で一旦停止。自動車の大きさ（とくにドアの高さ）とドアのタイプ（スライドタイプか、通常のドアか）、向きを視覚障害者に伝えます。ワゴンタイプかセダンか、といった自動車

● 図12-1　同行援護従業者は車のタイプや向き、ドアと取っ手の位置などを説明します。

のタイプを知らせることで視覚障害者が状況を把握しやすくなります。

②「左側が前です」というように自動車の向きを伝え、自動車のドアを開けます。ドアの取っ手に視覚障害者の手を導き、自分で開けてもらう場合と同行援護従業者が「ドアを開けます」と声をかけて開ける場合があります。

③視覚障害者の一方の手を自動車の屋根に、もう一方の手を自動車のドアフレームに導きます。

④視覚障害者が自動車に乗り込むとき、身体をぶつけることがないよう見守ります。とくにドア枠の上部に頭をぶつけやすいので、上部の縁に手を置いてもらい、乗り込む空間を把握してもらいましょう。

⑤視覚障害者のあとから同行援護従業者が自動車に乗り込みます。

　同行援護従業者が視覚障害者のあとから自動車に乗り込むことによって、通常は、自動車から降りるときに同行援護従業者が先となります。同行援護従業者が先に自動車から降りることで、安全確認が容易になるという利点があります。

⑥車内では、シートベルトをして身体が安定するように配慮しましょう。また、白杖を身体から離しておくと急停止時に白杖が身体を傷つける事故を防ぐことができます。折りたたみ式の白杖は折りたたんでしまってもよいでしょう。

### Ⓑ　自動車から降りるときの介助

　自動車から降りる際は、自動車と歩道の間を走り抜けるバイクや自転車との衝突事故に注意し、安全確認を十分に行いましょう。自動車を降りる際は、次の手順で行います。

①同行援護従業者が先に自動車から降ります。

②同行援護従業者が安全確認を行い、必

➋ 図12-2　同行援護従業者は、視覚障害者が乗降しているときには、つねに周囲の状況に注意しましょう。

要であれば手を差しのべて視覚障害者が自動車から降ります。

③視覚障害者が完全に自動車から降りたら、同行援護従業者は視覚障害者を基本姿勢へ導きます。

# §2 ● バスを利用するときの介助

バスはステップが高くなっているものもあるので、視覚障害者がステップを踏み外すことがないように注意することが必要です。車中では、視覚障害者の身体の安定に配慮し、通過したバス停などを知らせるようにしましょう。

### Ⓐ バスに乗るときの介助

バスに乗るときは、視覚障害者が高いステップを踏み外さないように、同行援護従業者は十分な声かけをしましょう。バスに乗る際は、次の手順で行います。

①乗車口に対して正対して一旦停止します。視覚障害者の手をステップの手すりに導きます。乗降口の幅やステップの高さ・踏み面幅などはバスの種類によって異なります。視覚障害者がドアにぶつかったり、転落しないように、同行援護従業者は手すりに視覚障害者の手を導いて、乗降口の幅などを知らせましょう。

視覚障害者が手すりにつかまりやすいように位置交換をする場合もあります。

②「乗りましょう」などと視覚障害者に声をかけ、1段ずつ確実に上りま

◯ 図12-3　同行援護従業者は手すりに視覚障害者の手を導いて、乗降口の幅などを知らせます。視覚障害者が手すりにつかまりやすいように位置交換をする場合もあります。

す。歩道から１段目のステップまでは、とくに大きな段差になっている場合も多く、また、歩道と車道の段差に足を落としてしまうことも考えられます。視覚障害者には白杖で１段目のステップを十分に確認してもらいましょう。バスのステップの段差が大きく上りにくい場合は、不規則な階段の昇降（**126〜127ページ参照**）の方法を利用して１段ずつ上ったほうが安全です。

　なお、乗車時に料金を支払う場合に気をつけることは、バスを降りるとき（**164〜165ページ参照**）と同様です。

③乗車後は手すりかつり革に視覚障害者の手を導きます。揺れや急停車に備え、視覚障害者には必ず手すりやつり革につかまってもらうようにしましょう。つり革までの移動は原則として基本姿勢で行いますが、２人分の幅を確保できない場合は、狭い通路を通過する方法（**132〜134ページ参照**）を利用します。

④座席に座る場合は、必ず停車中に何かにつかまりながら行います。走行中の着席は不安定で危険です。座席が２人がけの席で同行援護従業者も一緒に座る場合は、窓側に視覚障害者が座り、同行援護従業者が通路側に座ると降りるときの動作が安全でスムーズなものになります。窓側の席には頭上に網棚が設置されている場合があります。このときは、視覚障害者が頭をぶつけないように声かけを行いましょう。

⑤バスに乗っているときは、通過したバス停や次のバス停を知らせ、視覚障害者が現在位置を把握できるようにします。


## Ⓑ バスから降りるときの介助

　バスから降りる際は、後ろに並んでいる乗客が気になったり、料金の支払いに手間取って焦ってしまう視覚障害者もいます。同行援護従業者は落ち着いて視覚障害者を介助するように心がけましょう。バスを降りる際は、次の手順で行います。

①バスが停車してから同行援護従業者が席を立ちます。下車の１つ前のバス停で「次のバス停で降ります」と視覚障害者に伝えたり、通過したバス停

を知らせると視覚障害者が現在位置を把握しやすくなります。ただし、車内に音声案内が流れていて、視覚障害者が同行援護従業者によるバス停の案内を必要としない場合もあります。

②続いて視覚障害者が席を立ち、同行援護従業者とともに降り口に移動します。必ず停車してから行動するようにしましょう。席を立つときに視覚障害者の頭上に網棚がある場合は、声かけを行います。移動は原則として基本姿勢で行いますが、状況によって狭い通路を通過する方法を用います。

③料金を支払います。障害者割引を利用する際は、「障害者割引です」と運転手に伝え、障害者手帳を呈示したうえで所定の料金を支払います。

④ステップに正対し、一旦停止します。視覚障害者の手を手すりに導きます。

⑤「降りましょう」と視覚障害者に声をかけ、１段ずつ確実に降ります。

　バスの降り口は狭く、２人で並ぶことが困難な場合もあります。そのときは、同行援護従業者が先行して視覚障害者の足元に注意しながら降りましょう。ステップと歩道の間隔を視覚障害者に確認してもらい、同行援護従業者は周囲の安全に配慮しながらバスから降ります。バスの最後のステップと歩道が大きな段差になっている場合があります。また、歩道と車道の境に視覚障害者が足を落として転倒することも考えられます。視覚障害者には、白杖で歩道とステップの高低差や踏み出す歩幅を十分に確認してもらいましょう。

⑥先に降りた同行援護従業者が視覚障害者に対面して手を差し出して介助することもあります。同行援護従業者が先にバスから降りるのは、後方から走ってくるバイクや自転車との接触事故を防ぐためです。バスから降りたあと、視覚障害者を基本姿勢に導きます。

● 図12-4　２人で並ぶことが困難な場合は同行援護従業者が先行して降りましょう。

# §3 ● 電車を利用するときの介助

電車を利用することは、視覚障害者にとって危険の多い場面の１つといえます。プラットホームからの転落や電車とホームの間に足を挟まれるといったアクシデントは生命にかかわる重大な事故につながるため、同行援護従業者は十分な注意が必要です。

## Ⓐ 電車に乗るときの介助

電車に乗る際は、次の手順で行います。

①切符を購入します。切符の購入は、１人で切符を買うことができる人、同行援護従業者が行うように希望する人など、視覚障害者の状態によって異なりますので、必ず意思確認を行います。券売機付近が混雑して危険な場合は、視覚障害者には安全な場所で柱や壁に触れて待ってもらい、同行援護従業者が切符を購入することもあります。障害者割引を利用する際は、JR・私鉄各社の割引制度に則って利用します。

②改札を通ります。自動改札を通過する場合は、切符の投入口を視覚障害者に伝え、１人で通過してもらいます。同行援護従業者も視覚障害者のすぐ後ろから改札を通り、基本姿勢に戻ります。有人改札を通過する場合は、視覚障害者と同行援護従業者は基本姿勢を保ったまま通過します。狭い場合は、狭い通路を通過する方法（**132〜134ページ参照**）を用いましょう。

③目的のホームまで移動するには、階段・エスカレーター・エレベーターを使う場合がありますが、その駅にある設備を説明し、視覚障害者が希望する移動方法を用いましょう。駅は混雑していることが多いので、混雑している場所を通過する際の留意点（**131ページ参照**）に気をつけて、視覚障害者のペースを守って移動しましょう。

④プラットホームで電車の到着を待ち、「電車が到着しました」など視覚障害者に声をかけ、車両に近づきます。

⑤プラットホーム上を移動する際は、視覚障害者がホームから転落することがないように注意する必要があります。片側が壁になっているホームで

は、視覚障害者が壁側、同行援護従業者が線路側を移動します。両側に線路があるホームでは視覚障害者がホームの中央を移動するように介助しましょう。電車を待っている間は誘導ブロックよりも内側に立ちます（**図12-5**）。ホームの端に近すぎると、後ろから人に押された場合に転落の危険があります。ホームでは、ゆとりをもって電車を待ちます。発車直前の電車に視覚障害者をせかして乗り込むようなことはしてはいけません。

◯ 図12-5　誘導ブロックの内側で電車を待ちます。

⑥視覚障害者と同行援護従業者は横に並び、ドアが開く前に戸袋側に立ちます。視覚障害者が白杖を持っている手のほうの戸袋側で待ち、電車から降りてくる乗客と視覚障害者が衝突する事故を避けます。ドアの真中に立ったままでいることは避けましょう。また、視覚障害者が白杖を持っている手のほうの戸袋側に寄ることで、電車に乗り込むときに手すりまたは入り口の端が視覚障害者の近くになり、動作がスムーズになります。

⑦乗客が降りたらドアの前に移動し、車両に正対して一旦停止します。ほかの乗客や発車時刻が気になって焦るかもしれませんが、視覚障害者の安全を第一に考え、必ず停止しましょう。

⑧視覚障害者の手を入り口の端または入り口横の手すりに導きます（**図12-6**）。

　このとき、視覚障害者が同行援護従業者のひじを離さないようにしま

◯ 図12-6　視覚障害者の手を入り口横の手すりに導きます。

しょう。視覚障害者が入り口の端または手すりにつかまることで、電車の入り口の幅を視覚障害者自身が把握することができ、また、後ろから押された場合にも対応できるようになります。

⑨視覚障害者が白杖または片足で踏み出す幅を確認します。電車とホームの間隔や高低差は駅によって異なります。視覚障害者自身が白杖を使って踏み出す幅と足を上げる高さを確認できるように、同行援護従業者は落ち着いて待ちましょう。視覚障害者が片足をすり足でホームの端を確かめる場合は、両足をホームの端に揃えて立つと少しの衝撃が転落事故につながってしまうため、両足をホームの端に揃えることがないように見守ります。「ここはホームと電車の間が広く空いています」と事前に知らせてから、視覚障害者に確認してもらってもよいでしょう。

⑩「乗りましょう」と視覚障害者に声をかけ、視覚障害者を電車内に導きます。電車内で電車の揺れや急停車に備えて、必ず手すりかつり革につかまるように視覚障害者を促しましょう。座席に座るための介助は、多人数用のいすへの介助（**146〜148ページ参照**）を利用します。

## Ⓑ 電車から降りるときの介助

電車から降りる際は、次の手順で行います。

①ドアまで移動し、ドアに正対して停止します。「次の駅で降ります」などの説明も必要です。

②ドアが開いてから、視覚障害者の手を入り口の端または入り口横の手すりに導きます。視覚障害者が入り口の幅を確認すると同時に押されて電車とホームの間に転落することを避けるために、手すりなどにつかまります。

③ドアのレールにつま先がかかる程度の位置に立ち、視覚障害者は白杖または片足を使って踏み出す幅を確かめます。白杖を持っている場合は、電車とホームの距離を白杖で確認してもらいます。ドアのレールにつま先がかかる程度の位置に立つのは、歩幅が足りずにホームに転落する事故を避けるためです。

④同行援護従業者は、視覚障害者の準備ができるまで待ちます。視覚障害者

をせかしたり引っ張ったりしてはいけません。落ち着いて、視覚障害者の確認が終わるのを待ちましょう。「ここは電車とホームの間が広く空いています」などと状況説明をするのは有効です。

⑤「降りましょう」と視覚障害者に声をかけ、電車から降ります。電車から降りたあとも気を抜かずに安全に歩行します。ホーム上で視覚障害者が歩く位置は電車に乗る場合の手順（**166～168ページ参照**）と同様です。改札までの移動と改札の通過も、電車に乗る場合の手順と同様です。

→ **図12-7**　「降りましょう」と視覚障害者に声かけし、電車から降ります。

なお、ICカードを利用する場合は、利用者、介護者それぞれが自分のICカードを自動改札機にタッチして乗車駅に入ります。降車駅で有人改札口の職員に身体障害者手帳とICカードを提示し、運賃を精算します。

■ **参考文献**

・『介護職員初任者研修課程テキスト3　こころとからだのしくみと生活支援技術［第5版］』日本医療企画、2021年
・『実務者研修テキスト8　医療的ケアの理論と実践［第5版］』日本医療企画、2022年
・『盲人ガイドのキーポイント　ガイドヘルパーのための15章』谷合侑著、社会福祉法人視覚障害者支援総合センター発行、大活字、1992年
・『視覚障害者介護技術シリーズ3　初めてのガイド』全国視聴覚障害者情報提供施設協議会編集・発行、大活字、1999年
・『視覚障害者の誘導法』村上琢磨著、社会福祉法人全国ベーチェット協会発行、大活字、2000年
・『ガイドヘルパー養成研修テキスト　視覚障害者移動介護従業者養成研修課程（三訂）』ガイドヘルパー技術研究会監修、中央法規出版、2021年
・『同行援護従業者養成研修テキスト［第4版］』同行援護従業者養成研修テキスト編集委員会編集、中央法規出版、2021年

■ **参考資料**

・『重度視覚障害者の移動介助　第1巻　移動介助の基本（ガイドヘルパー養成研修ビデオ教材）』中央法規出版、2000年
・『重度視覚障害者の移動介助　第2巻　移動介助の実際　外出の移動介助を中心に（ガイドヘルパー養成研修ビデオ教材）』中央法規出版、2000年
・『心の目を大切に　目の不自由な人と街に出よう』（ビデオ）東京都広報課企画、1995年

■　表紙デザイン：梅津幸貴　■　イラスト：萱登祥　■　ＤＴＰ：株式会社明昌堂

■　編著者略歴　■
松井奈美（まつい・なみ）
1986年、千葉県習志野市役所福祉課に入庁。ホームヘルパーとして勤務しながら、1997年に東洋大学二部社会学部社会学科卒業。2000年、東洋大学大学院福祉社会システム専攻を修了。浦和短期大学福祉教育センター職員、浦和短期大学福祉科専任講師、新潟医療福祉大学社会福祉学部社会福祉学科講師、日本社会事業大学講師、准教授、植草学園短期大学福祉学科教授、一般社団法人介護福祉指導教育推進機構理事を歴任。介護福祉士、介護支援専門員。

**同行援護ハンドブック［第4版］**
視覚障害者の外出を安全に支援するために

2011年11月20日　　第1版第1刷発行
2015年8月8日　　第2版第1刷発行
2018年11月4日　　第3版第1刷発行
2023年8月20日　　第4版第1刷発行

編　著　者　松井　奈美
発　行　者　林　　諄
発　行　所　株式会社日本医療企画
　　　　　　〒104-0032　東京都中央区八丁堀3-20-5　S-GATE八丁堀
　　　　　　TEL.03-3553-2861（代）
印　刷　所　図書印刷株式会社

ISBN978-4-86729-223-5　C2036　　©Nami Matsui 2023, Printed and Bound in Japan
定価は表紙に表示しています